# TRENTE JOURS

## PAR DELA LES MONTS PYRÉNÉES.

FEUILLETS DE VOYAGE.

LILLE
—
MDCCCLXXX.

# TRENTE JOURS

PAR DELA LES MONTS PYRÉNÉES.

# TRENTE JOURS

## PAR-DELA LES MONTS PYRÉNÉES.

### FEUILLETS DE VOYAGE.

(par de Franciosi)

LILLE

MDCCCLXXX.

A Monsieur

L. D.

Mon maître,

C'est bien à vous que doivent aller ces pages, car nous les avons vécues ensemble.

Elles appartiennent aussi à ces parents, à ces amis, qui, de la pensée, suivaient les voyageurs et les accompagnaient de leurs vœux ; elles leur appartiennent parce que leur mémoire a été sans cesse présente à notre esprit, quand nous admirions les vastes paysages, les reliques du passé, les merveilles du présent ; quand nous cueillions sous l'herbe du chemin la fleurette chargée de reporter au logis le parfum du souvenir.

Elles appartiennent aussi à ceux qui voudront à leur tour passer les monts ; ils y trouveront les fruits de notre modeste expérience et peut-être plus d'un conseil utile.

Lille, mars 1880.

PRÉLIMINAIRES.

Qu'est-ce que ce livre ?

Une copie plus ou moins défigurée des narrations de ceux qui ont écrit leur voyage d'Espagne ? Une reproduction des histoires que l'on trouve dans les guides ?

A Dieu ne plaise ! Le touriste qui visite les merveilles de la nature et des arts des siècles écoulés n'a pas besoin, pour admirer, de savoir que ceci remonte à telle époque, que cela a été créé par tel calife, que la sultane favorite était de telle race et le reste. Ce qui est beau en soi frappe assez les yeux et le cœur pour se passer de commentaires. Les grands évènements sont connus de tous ; pour les autres, c'est affaire de consulter les auteurs et il n'en manque pas qui redisent les dates, les naissances, les hauts faits, les trépas.

Ces pages sont fort simplement la reproduction

très véridique, sinon érudite, des souvenirs d'une promenade de trente jours, souvenirs recueillis dans la mémoire, empruntés aux lettres écrites au jour le jour, sans autre préoccupation que de dire aux parents, aux amis de loin : « Nous nous portons bien, nous sommes arrivés à ......., nous avons vu ceci et cela encore. Nous partirons demain. Nous pensons à vous. Envoyez vos lettres à ....... »

Nous allons donc transcrire des extraits de correspondance, mêlés à des observations, des réflexions, des descriptions comme le voudra le caprice du narrateur, peut-être bien un peu à la débandade.

PRÉPARATIFS DE DÉPART.

Pourquoi ce voyage par delà la frontière espagnole ?

Ceci est un peu une histoire de famille.

En 1844 partait de Lille, avide de compléter son éducation professionnelle, un jeune homme de seize ans. François Lallemant quittait les ateliers de la maison L. Danel où il s'était initié durant six ans aux connaissances de l'art typographique.

Après un séjour de quelques années à Paris, vers le commencement de 1850, François Lallemant, par suite de circonstances, et grâce à de hautes et puissantes protections, apportait à Lisbonne ses capacités de fondeur, au service de la maison Silva et Fils.

Nous ne raconterons pas comment, par lui, un réveil se fit en Portugal de l'art de Guttenberg qui sommeillait depuis longtemps. Les succès, les honneurs, les récompenses suivirent les énergiques efforts de François Lallemant qui s'était adjoint son frère Adolphe. Et en décembre 1879, la Société des Sciences, de l'Agriculture et des Arts de Lille, qui suit avec intérêt les travaux des enfants de la cité, quelqu'éloignés qu'ils soient de son sein, consacrait ceux des frères Lallemant en leur accordant la médaille d'or réservée aux plus brillants triomphes.

Ce fut leur ancien patron qui alla la recevoir en leur nom, ce fut lui qui se chargea de la remettre en leurs mains.

Ainsi fut décidé le voyage à Lisbonne.

Il n'est pas bon à l'homme d'être seul, dit la Sagesse divine. Au maître, il fallait un compagnon. Je fus choisi.

On ne pouvait mieux prendre, déclara, une larme de champagne dans l'œil, le bon Adrien, dans un dîner préparatoire au départ. Or, si vous ne connaissez Adrien, je vous le livre comme l'organe de la vérité en personne.

Il est de fait que trente ans et plus de relations quotidiennes avaient *ammateloté* les deux voyageurs, *maled*, dit l'anglais. On sait ce qu'est un matelot pour son matelot.

Ce premier point arrêté, seconde question : Quand aura lieu le voyage ?

Renseignements pris, nous savions que du 15 février au 15 mars nous n'avions pas à craindre trop de chaleur et que la végétation commençait à montrer les trésors du printemps tandis que ceux de l'automne pendaient encore aux branches des arbres, en fruits d'or foncé et d'or pâle.

Restait l'itinéraire.

Notre but était Lisbonne, par suite le tour d'Espagne, de l'ouest au midi, du midi à l'est et au nord nous était commandé.

Or les circonstances firent qu'en suivant cet ordre nous étions dans le vrai, si tant est que la gradation soit la règle des réelles jouissances.

Donc, un calque est fait, les villes à visiter sont indiquées par des épingles; on relie tout cela suivant les tracés de chemin de fer.

Voilà le réseau arrêté. Il n'y manque que les indications de distances, d'heures de départ, d'arrivée, d'hôtels où abriter la tête et réfectionner l'estomac.

Cela est un travail ardu, même en s'entourant des Bradshaw, des *guio official*, des Germond de Lavigne. Il faut passer de ligne à ligne, la carte à la main droite, le guide à la main gauche. On en sort tant bien que mal remettant à la Providence de réparer au besoin nos erreurs.

Ce point arrêté, reste à choisir les hôtels. Faute de renseignements précis, il y a un moyen de ne pas trop se tromper; sur dix hôtels désignés avant le départ, nous en avons eu un seul défectueux. Il s'agit de lire les uns après les autres les renseignements des guides; l'hôtel qui a reçu le plus de mentions premières est celui auquel nous nous arrêtons.

L'itinéraire est complet, il indique : les jours et leurs dates, les lieux d'arrivée, de départ, les changements de ligne et les heures, les séjours, les hôtels.

Si vous êtes prudent, tout en remettant ce mémorial aux parents, aux amis, engagez-les à adresser leurs lettres bureau restant, calculant quatre jours pour l'Espagne, six pour le Portugal.

Votre premier soin au débotté sera d'aller à la Poste — *los Correos* — demander les lettres à votre adresse. Vous exhibez votre passeport en posant la question : « Avez-vous des lettres à ce nom? *Tiene Vm cartas a este nombre?* » A la rigueur vous pouvez garder le silence, l'employé au guichet comprendra tout de même.

La scène varie suivant les villes.

A Madrid, à Lisbonne, le buraliste examine les adresses et vous rend réponse conforme.

A Cordoue, on communique une liste avec numéros relatant les lettres bureau restant. Vous lisez, appelez vos numéros, s'il y a lieu.

A Séville, nous sommes en progrès. On vous passe le paquet de lettres, à vous de voir s'il y a quelque chose qui vous concerne.

Même système à Malaga et à Grenade.

A Valence, vous êtes prié de ne vous présenter qu'entre 8 h. du matin et 3 h. de l'après-midi. Passé cette heure, *Nadie*, personne.

A Barcelone, pas de difficulté, à moins que vous n'ayez à retirer une lettre aux cinq cachets de cire. Il faut signer sur l'enveloppe, confronter la signature avec celle du passeport exhibé, laisser l'enveloppe, etc.

Puisque je parle du passeport, notons qu'il ne nous a servi que pour la poste et ..... à la rentrée en France. Du reste, en cette dernière occasion, bien que nous fussions à Cerbère, l'employé du Gouvernement n'a pas fait une chienne de difficulté. On connaît les gens à la mine, nous disait-il fort grâcieusement.

Après les *Correos*, il faut savoir où perchent *los Telegrafos*. C'est une bonne coutume que de marquer sa première heure par un télégramme à sa famille. Cela coûte vingt centimes par mot d'Espagne en France, et vingt-cinq centimes de Portugal.

Ne songez pas à faire d'économies sur ce chapitre.

J'allais oublier un dernier point. Est-il nécessaire de savoir l'espagnol pour voyager en Espagne ?

A la rigueur, non. Dans les hôtels, il y a toujours quelqu'un qui parle les deux langues, sans préjudice de l'anglais. Mais dans les gares, à moins que le commissionnaire de l'hôtel ne soit là pour vous aider, il n'est pas commode de demander son billet, de faire enregistrer son bagage, de comprendre ce que l'on vous réclame de ces deux chefs. Je sais bien qu'au besoin on peut ouvrir son porte-monnaie et inviter délicatement M. l'employé à prendre le nécessaire. Mais ce moyen légèrement primitif pourrait exposer à des tentations....

Oh! je ne soupçonne personne.... Cependant, j'ai des souvenirs de Séville et de Barcelone.... Cela viendra en son temps.

A la table d'hôte, le garçon serveur ne connaît guère que l'espagnol. Il vous passe un plat à la mine suspecte. « Qu'est-ce que cela ? » demandez-vous. L'habitude de la phrase fait comprendre au garçon que vous l'interrogez sur la nature du mets. Il répond : *Manos de Cordero*. Vous vous risquez comme si vous étiez renseigné et quand vous mettez la fourchette dans l'objet vous trouvez que ce sont des pieds de mouton dans la pâte, comme un exemple de la grammaire de Lhomond : a est long dans pâte pour faire du pain, il est bref dans patte d'animal.

Mille autres petites circonstances, dans les magasins, dans la rue, vous donneront à regretter votre ignorance ; vous provoquerez par votre baragouin les sourires des jeunes trottins et bien que ces sourires découvrent de jolies dents, mieux vaut ne pas les faire naître.

Cela n'implique point cependant que vous deveniez de force à lire *Calderon* dans le texte ou à traduire *la Picara Justina* à livre ouvert ; mais vous ne ferez pas mal de vous exercer à un certain nombre de phrases et de mots usuels, prononciation facile et d'une régularité merveilleuse. Une heure par jour, pendant deux mois, sans maître, un mois seulement avec un professeur et vous avez une connaissance suffisante pour vous faire comprendre.

Vers la fin du voyage, le désir chaque jour plus vif de nous rapprocher des nôtres fit modifier, sinon le tracé, du moins la longueur des trajets. Désormais, accoutumés à la fatigue nous comptions pour rien de passer vingt heures en wagon. Nous consentions facilement à une traite de tout un jour pourvu qu'en hâtant notre retour, nous ne perdissions point de vue notre programme. En outre, une fois partis de Grenade, nous n'avions plus autant à voir.

Voici quel fut en définitive notre itinéraire que je recommande comme économie de temps :

| | | | |
|---|---|---|---|
| 5 février. | Lille à Paris............ | 250 kil. | 5 heures. |
| 6 | Paris à Bordeaux....... | 585 | 9 |
| 7-8 | Bordeaux à Madrid...... | 867 | 25 |
| 11 | Madrid à Tolède et retour | 144 | 4 |
| 12-14 | Madrid à Lisbonne...... | 789 | 32 |
| 18 | Lisbonne à Badajoz..... | 282 | 16 |
| | *A reporter*...... | 2917 kil. | 91 heures. |

|  |  | Report...... | 2917 kil. | 91 heures. |
|---|---|---|---|---|
| 19 février. | Badajoz à Cordoue par Almorchon et Belmez.. | | 315 | 14 |
| 21 | Cordoue à Séville...... | | 131 | 5 |
| 23 | Séville à Malaga par Utrera et Bobadilla.... | | 236 | 12 |
| 24 | Malaga à Grenade par Bobadilla............ | | 192 | 10 |
| 26 | Grenade à Cordoue par Bobadilla............ | | 247 | 13 |
| 27 | Cordoue à Valence par Alcazar, Chinchilla et Encina............... | | 635 | 22 |
| 29 | Valence à Barcelone par Tarragonne.......... | | 377 | 12 |
| 2-3 mars. | Barcelone à Paris par Bordeaux............... | | 1264 | 27 |
| 5 | Paris à Lille........... | | 250 | 5 |
|  |  |  | 6564 kil. | 211 heures. |

Soit en 30 jours une moyenne quotidienne de 220 kil. à la vitesse moyenne de 30 kil. à l'heure. Mais en défalquant ce qui appartient aux lignes françaises on trouve que la vitesse moyenne réelle en Espagne ne dépasse pas 24 kil. à l'heure.

En ai-je fini de tous les préliminaires ? A peu près.

Et maintenant : En voiture, Messieurs ! *Caballeros, al tren !*

## LE GUIDE.

*Caballeros! al tren.* Cinq minutes avant le départ. Encore un renseignement : *Le Guide.*

Il y a guide et guide, comme fagots et fagots.

Le premier, celui du moins qu'il paraît le plus utile de consulter d'abord, c'est celui qui revêt une couverture jaune, porte le titre d'officiel et, fort d'icelui, se permet les plus étranges énormités, supprimant des trains par ci, les annonçant 35 minutes en retard par là, ou n'indiquant pas leurs qualités exceptionnelles, comme de ne partir qu'à certains jours.

Malgré tout, ces guides sont nécessaires et forment la base d'un travail d'informations se combinant avec les renseignements des maîtres de *fondas* et même des employés de la Compagnie.

Celui-là est le guide des départs et des arrivées. On le vend de 50 cent. à 1 fr.

Le second est plus coquet d'apparence ; il est vêtu de lustrine verte, avec *du d'or* dessus, il a été rédigé à l'intention du touriste, édité par une maison de librairie parisienne. Il vous dit par le menu tous les détails désirables. C'est un guide assez exact, quand il ne confond pas l'escalier du palais épiscopal avec celui du couvent des Jésuites, ou quand il ne substitue pas les peupliers aux orangers dans les promenades.

Il est cependant fort utile, surtout à la condition de ne le consulter que très sommairement avant de se mettre en courses et de ne le lire attentivement qu'au retour ; c'est alors un très bon memento qui sert à classer les souvenirs dans la mémoire.

En route, il est tout à fait à son rôle, pour indiquer les ponts, les viaducs, les distances, les ruines de forteresses arabes et en général tout ce qui présente un intérêt quelconque, si minime qu'il soit.

Il comprend des cartes et des plans, ce qui n'est pas son moindre mérite.

Ce guide coûte de 5 à 10 fr. une fois payés.

Le troisième genre de guide est enveloppé d'un manteau, il a des souvenirs locaux dans sa bourse de cuir, des souvenirs historiques dans sa tête. Achetez les premiers, si le cœur vous en dit, la pièce de monnaie arabe dont vous devenez possesseur vaudra toujours bien la moitié du bon argent moderne que vous aurez donné en échange.

Quant à ses souvenirs historiques, ils peuvent avoir leur contrôle, mais j'aurais plus de confiance dans le contrôle des experts relativement au titre de l'argent ou de l'or mauresque.

Gardez-vous toutefois de repousser les services de ce troisième guide. Ne servît-il qu'à économiser vos pas, vous n'aurez pas payé trop cher sa journée en lui donnant 30 reales, 7 fr. 50 en monnaie française.

Pour cette faible somme il sera votre homme-lige, votre interprète, portera votre pardessus, sera votre commissionnaire, votre factotum, tiendra à distance les mendiants importuns.

Un certain nombre de ces guides sont des Français de nos départements méridionaux, qui vont exercer une industrie peu fatigante et que cependant dédaigne l'indolent Castillan par horreur du travail.

Mais si c'est un indigène, il vous débitera son boniment dans un charabia que vous aurez peine à comprendre.

Un dernier guide, c'est vous-même, ami lecteur qui rêvez ce voyage. Informez-vous, plutôt dix fois qu'une; demandez incessamment, soyez presque importun, vos aises, votre sécurité même, peuvent en dépendre. Interrogez, comparez, jugez et si, au bout de toutes ces précautions, vous vous trouvez encore *refait*, prenez votre parti bravement, et à défaut d'explication, dites avec l'espagnol : *Cosas de España*, choses d'Espagne, c'est-à-dire : choses incompréhensibles.

Les cinq minutes sont passées. Pour la dernière fois : *Caballeros al tren*.

LILLE, PARIS, BORDEAUX.

4, 5 et 6 février 1880.

Il suffit d'inscrire les trois noms sans avoir à nous arrêter longtemps entre les étapes. Nous connaissons tous sur le bout du doigt les stations de Lille à Paris.

De Paris à Bordeaux, renvoyons au guide Joanne pour Orléans, Blois, Tours, Poitiers, Angoulême, descendons à Bordeaux, à l'hôtel de France. Après le dîner, une heure au théâtre, on joue l'*Étoile du Nord*. Nous arrivons au moment où Prascovia chante essoufflée : *J'ai tant couru que je suis hors d'haleine !*

Exécution passable, une ombre de ballet.

Pierre vient de s'enivrer militairement, nous le laissons cuver son vin, sa colère et nous allons nous reposer, car demain commencera la fatigue. Avant de nous coucher un mot au garçon de table pour qu'il nous prépare un panier de provisions, Dieu sait ce que nous trouverons de la frontière jusqu'à Madrid.

DE BORDEAUX A MADRID.

7, 8 février.

Ma chère C.

Après une nuit assez bonne, mais un peu écourtée, l'omnibus nous emmène à la gare Saint-Jean, où se prennent les billets à destination d'Espagne.

Enregistrement de bagages, supplément pour excédent. C'est un grand tort que de se munir de volumineuses caisses avec des rechanges de vêtement. Quand on ne prévoit pas de visites à habit noir, il suffit de revêtir un *complet* neuf, solide aux coutures et aux boutons, de ces couleurs noir-mêlé qui défient la poussière. En linge, prendre le nécessaire pour une dizaine de jours, les lavandières vous rendent au bout de quelques heures ce que vous leur avez confié à l'arrivée dans une ville de séjour.

— L'excédent de bagages a, pour le voyage, augmenté d'un dixième la dépense du chemin de fer. Et nous n'avions que 17 kil. d'excédent d'abord, 23 kil. plus tard. —

Voici un pauvre diable qui a à payer pour un singulier colis. Il voyage avec un perroquet, attaché par la patte à une planchette. Il faut financer pour Vert-Vert, auquel on colle sur la tête une étiquette de bagages. Où l'aura-t-on fourré ensuite? Pas dans un compartiment de chiens, je suppose. Oh Gresset!

Nous installons nos couvertures, marquant nos coins et, chacun de notre côté, nous arpentons le quai en attendant le départ.

Mon compagnon a disparu. Je l'aperçois enfin en compagnie d'un monsieur et d'une dame que je reconnais sans peine, ce sont d'anciens amis, M. le baron S..., jadis préfet du Nord et M$^{me}$ S... charmante femme qui a laissé un souvenir plein de regrets à Lille. Je respecte leur causerie attendant pour les saluer l'heure du déjeûner.

Le train s'ébranle, le paysage est nouveau pour nos regards, nous sommes dans les Landes. Mais ce nom ne leur convient plus aujourd'hui. Les sables sont fixés par les pins plantés en forêt. C'est une verdure un peu triste à la longue, mais elle n'en réjouit pas moins les yeux qui ont quitté, il y a quarante-huit heures, la nature désolée du Nord, où un hiver anormal a tué jusqu'à nos arbres verts passés maintenant à la rouille brunâtre.

Ce *boisement* est un des bienfaits que le pays aura dûs à l'Empire. La guerre de sécession en

Amérique a donné un essor inouï au commerce de la résine ; des populations, jusque-là misérables, ont appris les douceurs de la vie, ont goûté pour la première fois de la viande, se sont bâti des demeures commodes, meublées avec élégance, avec trop d'élégance, car cette grande prospérité a décliné avec la fin de l'embargo que la politique avait mis sur le commerce d'outremer et les résultats dorés des Landais ont cessé tandis que les habitudes de confort avaient créé des besoins nouveaux.

La locomotive s'arrête. Morcenx ! c'est-à-dire le déjeûner. Je retrouve à table mon compagnon et ses deux amis. Je reçois le plus aimable accueil, à mon tour. M$^{me}$ S... m'entretient de l'Œuvre des Orphelins de la Guerre du Nord à laquelle elle a pris une si large part et qu'elle suit encore du cœur et de la bourse, à distance, dans sa demeure de Pau, comme dans son hôtel de Paris. Nous causons de notre ami, Ed. L..., l'âme de cette œuvre.

« Quel air embaumé ! Quel ciel ravissant ! me dit le baron, comme il fait sain de vivre ici.

— Oh oui ! répondais-je, cette atmosphère balsamique va me dispenser pendant quinze jours des capsules de goudron.... »

On repart pour se séparer à Dax. Je m'amuse à voir ces sapins dont le tronc fendu par la hache doit verser dans des pots disposés au pied la sève résineuse qui sera de la poix, de la térébenthine, de la cire à cacheter.

Et puis viennent les chênes-lièges, ces sans-culottes de la gent forestière auxquels, tous les cinq ou six ans, on enlève une écorce qui se transformera en bouchons, en semelles de chaussures, en chapeaux, et de mille autres façons, sans oublier les fonds de boîtes des entomologistes.

Mais ce qui a disparu, c'est le Landais monté sur ses échasses. Maintenant des porcs noirs ou gris paissent sous la garde d'un petit berger.

Nous approchons de la frontière. A l'horizon, sur notre gauche, nous apercevons, encore embrumés, quelques pics de la chaîne des Pyrénées ; ils se détachent noirâtres sur l'azur bleu du ciel qu'ils découpent de leurs angles puissants et de leurs vives arêtes.

A droite, c'est Biarritz et la mer Atlantique qui vient de ses flots caresser presque les rails de la voie ferrée. Les côteaux boisés, les maisons de Bidart s'étagent en descendant vers l'Océan. Un rayon de soleil dore le tout.

Nous passons la Bidassoa, nous apercevons la petite ville de Fontarabie mollement couchée sur le bord du fleuve et qui de loin présente l'aspect d'une cité espagnole.

Nous n'avons pas le temps d'examiner davantage. Une sentinelle en uniforme aux couleurs Alphonsistes, en gants verts, nous avertit que nous sommes entrés chez nos voisins et le cri : Irun! nous fait songer à changer de train et même de voie. Car les chemins de la Péninsule n'admettent pas les wagons étrangers par suite d'une différence dans l'écartement des rails, environ 30°° en plus en Espagne.

A cela on m'a donné diverses raisons dont je ne retiens qu'une seule.

Les chemins de fer de l'Espagne, quand ils n'éventrent pas les montagnes dans de nombreux tunnels, suivent les contours des vallées. Ces contours sont tellement sinueux qu'ils obligent à décrire des courbes d'un rayon à ce point restreint que le voyageur de la dernière voiture peut le plus souvent très bien voir la locomotive entrant dans le tunnel. Ajoutez à cela que d'Irun à la Cañada nous aurons à gravir 1360 mètres sur un parcours de 540 kilomètres et vous aurez quelque idée des rampes. Eh bien, il paraît que le plus grand écartement des rails sert à donner plus d'assiette au train pour franchir ces passages difficiles.

Pas de formalité de passeport à l'entrée, une visite sommaire de la douane.

A Irun on change un peu de monnaie française contre de la monnaie espagnole. Le plus sage est de ne prendre que ce qui sera nécessaire pour la route, attendant de se fournir chez le banquier à Madrid si on a eu la précaution de se munir de lettre de crédit. Le change à Irun est une sorte de vol à l'usage des brigands descendus de la montagne pour faire souche d'honnêtes gens, en habits de changeurs.

Exemple :

Une jeune et gentille anglaise a déposé sur la planchette du changeur quatre souverains à l'effigie de Victoria. On lui rend trois pièces d'or à l'effigie d'Alphonse, trois douros, deux pesetas, un réal et une pièce de cuivre, total 92 fr. 60. Elle trouve le change trop élevé. Décompte :

| | | |
|---|---:|---:|
| 5 % sur 100 fr. = 5 fr. .................... | 5 | » |
| Ce jour là la livre sterling, disait le changeur, était à 24 fr. 40, d'où pour quatre livres une perte de .................................... | 2 | 40 |
| Total ......... | 7 | 40 |

Que faire ? Subir la loi de la nécessité.

Je retrouvai mon compagnon de l'autre côté de la gare, assez empêché de deviner ce que signifiait le mot *alquilado* qui ornait les deux tiers des compartiments de première. « Cela signifie : *loué*, lui dis-je.

— Cherchons ailleurs en ce cas. »

Hélas, pas un coin libre.

Vu la circonstance et prévoyant que la nuit serait peut-être rude à la traversée des montagnes, nous demandons un coupé où nous ne serons que deux et pourrons nous faire une sorte de couchette. On ne délivre les coupés d'arrière que pour les quatre places.

Nous nous rejetons sur le coupé d'avant. C'est plus raisonnable. On en est quitte pour une augmentation de 10 % sur le prix ordinaire.

Nous ne tardâmes pas à reconnaître que le fameux *alquilado* n'était qu'une frime et que les compartiments *réservés* étaient destinés à des favorisés de la dernière heure.

Du reste, on n'est pas chiche en Espagne de la mention : Réservé ! *Reservado*. Il y en a pour les *señores*, pour les fumeurs, pour les *no fumadores*, pour les gendarmes.

Vous avez bien lu pour les gendarmes, ou plutôt pour les garde-civile. C'est une milice spéciale, qui ne dépend pas du Ministère de la Guerre, mais de celui de l'Intérieur, *Gobernacion*. Leur mission est d'escorter les trains et pas un n'en est privé. La solde de ces incorruptibles veilleurs est de 2 fr. 50 par jour. A chaque arrêt, nous les avons vus descendre, se relayer, échanger trois phrases avec les camarades, saluer le chef, tout cela pendant les deux minutes du stationnement. Nous aurons occasion d'en reparler.

Nous sommes en pleines Pyrénées. Et comme nous nous élevons avec leurs cîmes, nous arrivons à la région des neiges après avoir traversé maint et maint tunnel.

Or, depuis notre déjeûner à Morcenx, il s'était écoulé au moins huit heures et on ne nous promettait un buffet que deux heures plus tard à Miranda. Nous dînons de notre poulet froid et pour dessert des oranges achetées à une fillette dans une station.

Et phou! phou! la locomotive, comme la mer dans le drame, montait toujours et, peut-être essoufflée, s'arrêtait de temps en temps pour attendre le passage en croisement du train venant dans la direction opposée. La voie est unique en Espagne. Et on le comprend en voyant ce qu'a dû coûter l'établissement des chemins de fer dans ce pays.

Que bien, que mal, on finit toujours par s'endormir, se réveiller, se rendormir et ainsi de suite. Ce n'est pas court cette première nuit, d'autant qu'en dépit des couvertures, des pantoufles fourrées et des gilets en laine, en dépit des chaufferettes, la bise passait à travers les disjoints d'un matériel en désarroi. A Avila, nous sommes à l'altitude de 1130 m. — « Contrée froide, l'hiver s'y prolonge, le printemps y existe à peine. » — Pour cette fois, mon ami guide, vous êtes dans le vrai. Il est trois heures du matin. Dans le ciel bleu noir, brillent les étoiles autant et mieux que dans l'hiver à Lille, par une belle nuit de gelée.

A cinq heures nous sommes à la Cañada, au point le plus élevé, dit-on, auquel atteigne un chemin de fer en Europe.

Une ligne plus claire raie l'horizon à gauche. C'est un premier message du jour, nous ne devions le saluer qu'à la dernière station précédant Madrid. Grâce à la fantaisie qui préside à la marche du train nous n'en sommes qu'à l'*Escorial*, c'est-à-dire à cinquante kilomètres de Madrid, deux heures de retard.

Cette résidence royale, bâtie au prix de millions, est d'un aspect pittoresque mais fort triste. A distance, on croirait apercevoir une ville orientale, par les formes de quelques dômes mais non par la couleur; construit tout en granit ce palais a un aspect gris, terne et lourd.

Ce fut une étrange idée de Philippe que d'élever ce colossal monument aux pentes de la montagne du Guadarrama, une montagne où nous voyons scintiller la neige, dans une campagne désolée.

Je ne te rappellerai pas, ma chère C...., l'historique de la création de ce palais, en forme de gril, dû à l'architecte Herrera, d'après les conceptions architecturales, les mystiques vouloirs du vainqueur de Saint-Quentin, vainqueur par procuration car il n'assistait pas à la bataille et le vrai triomphateur fut son général Philibert Emmanuel, duc de Savoie (10 août 1557, fête de Saint-Laurent).

Le peu que nous en voyons pendant un court arrêt ne sera pas suffisant à nous déterminer à perdre un jour pour y revenir.

Notons en passant que c'est de la montagne du Guadarrama surtout que Madrid reçoit cet air dont on a dit :

*El aire de Madrid es tan sotil*
*Que mata à un hombre, y no apaga à un candil.*

« L'air de Madrid est si subtil qu'il tue un homme et n'éteint pas une chandelle. »

Enfin, nous arrivons dans la campagne de cette capitale, c'est-à-dire que nous quittons les montagnes, sans en perdre la vue toutefois. Car déjà vers l'ouest nous distinguons les noirs des monts de Tolède.

A mon sens, l'Espagne n'a pas de montagnes, c'est une montagne où les plaines sont l'exception. Mais quels splendides aspects que ces soulèvements cyclopéens, ossature du globe. Ici, les blocs énormes se tiennent en équilibre comme prêts à tomber au moindre choc; là ce sont des clivées bizarrement inclinées et qui de leurs lamelles laissent dégoutter l'eau des neiges fondues qui blanchissent les cîmes. Sur celle-ci le roc a revêtu des teintes d'ocre ; là s'étale une maigre végétation. La plupart du temps la montagne est dépouillée de toute verdure. De près, ce sont des rochers brûlés, des escarpements arides, des sommets affreusement nus, déchirés, ravinés. Mais viennent les feux de l'aurore, éclate le soleil de midi, tombent les lueurs mourantes du jour qui s'enfuit, tout change, tout s'anime de beautés tour-à-tour nouvelles. La montagne est semblable à une reine qu'il faut voir dans ses atours des soirs de fête, comme dans sa parure du matin. Considérez la montagne à distance, la lumière lui fait un vêtement magique, elle voile sa nudité d'une gaze transparente, glacée du bleu le plus doux, du rose le plus tendre, veinée d'opale et d'aventurine.

Revenons à la campagne de Madrid d'où la poésie nous a momentanément éloigné.

Ici, nous trouvons apparence de culture, bien que la terre soit ravinée par des torrents dont nous ne voyons plus que le lit, une terre semblable à une éponge longuement déchiquetée, celle que l'on appelle : *le gant de Neptune.*

Cette culture n'a d'ailleurs rien qui promette de faire mentir le proverbe qui a été fait sur l'infertilité des Castilles : « L'alouette qui veut traverser la Castille doit emporter avec elle sa provision de grain pour la route. »

Voici Madrid ! Nous n'avons guère que trois heures de retard qui s'allongent d'une demi-heure d'attente pour les bagages. Encore est-ce à force de volonté que j'obtiens leur remise ; un individu costumé militairement — il paraît que c'est un douanier — veut absolument les visiter.

Je lui objecte que la visite a eu lieu à Irun, que, depuis, nos caisses ont été sous la garde des bons gendarmes. Rien n'y fait. J'avais, je crois, l'intelligence un peu dure. Plus tard, j'ai fait mon éducation.

Ouf !... voilà une longue trotte, il est temps de se reposer.

MADRID.

8 février au soir.

Eh bien oui, c'est Madrid. Mais ce n'est pas une capitale, ça ne vaut pas Bruxelles. Il y a bien la *Puerta del Sol* qui, tu le sais, mon cher L., n'est pas une porte, mais une sorte de place, ce qu'on nommerait en géométrie : Un polygone irrégulier. Ce lieu chéri du soleil, mais parfaitement glacial de quatre heures du soir à neuf heures du matin en ce mois, est le point de rassemblement des oisifs — Dieu en sait le nombre — de Madrid, des mendiants. Pour évaluer ceux-ci, autant vaudrait compter les gouttes d'eau un jour d'orage.

Citons encore la rue d'Alcala qui conduit au Prado, la rue de *las Carretas*, où se trouve la Poste.

Sur la Puerta del Sol notre hôtel, *Fonda de la Paz*, hôtel de la Paix ; j'oubliais de nommer d'abord un hôtel bien plus important, c'est la *Gobernacion*, Ministère de l'Intérieur, ancien hôtel des Postes et dont l'horloge règle l'heure à Madrid (25 minutes en retard sur Paris).

La *Calle-d'Alcala* serait une très-belle artère de grande ville si :

1° Il ne pleuvait pas durant tout l'hiver ce qui transforme ladite artère en bourbier, trottoirs compris ;

2° Il n'y faisait par contre une atroce poussière dans la saison sèche.

De plus, pour, dans ladite saison sèche, donner de l'eau aux arbres qui bordent ladite rue, on a entouré chaque arbre d'un joli petit bassin en briques et de petit bassin en petit bassin on a imaginé de petits aqueducs, si bien que le rêveur qui s'en va le nez en l'air court autant de risques de choir tout de son long que l'astronome de la fable.

Après ça, on remarque avec un certain étonnement que ces arbres si choyés sont tortus et malingres comme ceps de vignes.

Mais reprenons les choses à notre débarqué.

Première et consolante constatation. L'hôtel de la Paix est admirablement bien tenu. Il a pour propriétaire un français M. Jean Capdevielle. D'une propreté flamande, il nous offre des appartements de 50, 60 et 70 réaux, soit 12 fr. 50, 15 fr. et 17 fr. 50 par jour.

Ce prix comprend la chambre, la nourriture, le service, l'éclairage. Tant pis si la fantaisie vous tient de prendre vos repas ailleurs. Ou bien, c'est à débattre auparavant.

La différence de prix porte sur les différences cubiques d'air à respirer.

On se débarbouille. Dame après vingt-six heures de route ! Le déjeûner suit, acceptable, arrosé de vin de Val de Peñas sans goût de bouc. Patience, nous en tâterons plus tard.

Comme il est dimanche, nous allons à la Messe à l'église voisine, c'est Saint-Louis des Français.

La foule se dirigeait vers le Prado, où une quantité de voitures promenaient de belles dames que lutinaient les masques — car c'est carnaval — et que contemplaient les madrilènes assis des deux côtés de la promenade. Parmi les promeneurs, le roi, à cheval, accompagné de deux aides de camp ; en voiture, la reine avec sa tante.

Nous donnons à tout cela un coup d'œil rapide et comme, si on grillait au soleil, on grelottait à l'ombre, que de plus nous venions de fournir une première étape sérieuse, nous rentrons à l'hôtel pour nous reposer..... en écrivant jusqu'à l'heure du dîner, six heures.

Le repas est vraiment bon et l'on parle français d'un bout de la table à l'autre. Nous sommes vers une extrémité. A gauche de M. D.... une dame qui paraît aimable et son mari, créoles, de l'île Maurice, M. et M^me Alc... A côté de ce dernier et me faisant vis-à-vis, une sorte de commis-voyageur, né natif de Montargis, — je le nomme tout au long, celui-là, M. Cauche — au verbe haut, connaissant tout, parlant de tout, me portant sur les nerfs.

Pourtant, il n'a pas abusé de la situation de mon voisin de chambre pour..... Les parois sont si minces dans ces hôtels. Mais il a une façon de nez, un organe qui ne me vont pas.

Après notre dîner, admire notre sagesse, nous ne sommes pas allés au théâtre bien que l'affiche annonçât *il Trovatore*. Nous nous mettons en quête sérieuse d'un café pour y prendre le nôtre. Ces établissements sont vastes, toutefois, vu le jour, on n'y pouvait trouver place. Enfin voici une table. Nous sommes bousculés par les allants et venants, hommes, femmes, enfants, masques, musiciens. On nous sert d'énormes bols où on veut absolument nous composer un breuvage de café et de lait. Ton oncle s'y refuse énergiquement, il déclare d'ailleurs le café très bon ce qui doit te donner une pauvre idée de sa qualité. Je demande de l'eau-de-vie on m'apporte une liqueur blanche, très forte, anisée. Brou ! brou ! Je ne me livrerai pas aux spiritueux dans ce pays. Oublions bien vîte cette affreuse décoction roussâtre et plus vîte encore l'exécrable *aguardiente*.

Nouvelles courses à la recherche d'un verre de bière, toujours même encombrement. De guerre lasse j'y renonce et rentre à l'hôtel où j'obtiens de la *Cerveza* espagnole, une bouteille de bière. Encore une connaissance que je ne regrette pas d'avoir faite afin de me dispenser de la renouveler.

On voit ici terriblement de rouge. Tous les Espagnols portent des manteaux doublés de cette couleur, laine, soie, velours, etc. Les murs ont une teinte qui tient un juste milieu entre les doublures ci-dessus et la couleur du drap desdits manteaux, amadou brunâtre.

Du reste, ces bons Castillans, portent ce manteau avec une crânerie bien amusante et malgré les 15° de chaleur de la *Puerta del Sol* (midi à quatre heures) ils les relèvent jusqu'aux yeux.

Je suis encore à trouver une figure vraiment jolie dans ces minois que j'ai vus à l'église, à la promenade. Généralement les yeux sont beaux, largement ouverts, presque saillants, les cheveux ne manquent pas de charmes, mais les traits sont gros, la poudre de riz maquille ces teints naturellement pâles. On dirait des merlans roulés dans la farine et préparés pour la poêle. Le chapeau Rubens a tué la résille et le grand peigne.

Toutefois attendons avant de rendre définitive cette opinion.

Aujourd'hui il pleut, j'écris à mon balcon, la fenêtre ouverte. J'ai entendu gratter des guitares, je n'ose croire que ç'ait été à mon intention.

MADRID.

9 février.

Mon cher E!

Le déjeûner vient de finir, il pleut, les musées sont fermés, à cause de la pluie et de la solennité — comme c'est logique — et ne serait-ce pas au contraire le jour d'aller à couvert voir de belles choses ? Mais il ne faut pas salir les planchers, puis un jour de fête, évitez les foules. Cependant les jours de fête étant jours de congé, il serait à propos que le peuple pût profiter de ce loisir pour aller voir les musées. Après tout la nation espagnole me paraît ne pas attendre précisément les jours de fête pour se reposer et les jours de semaine peuvent être jours de congé.

Donc dans une voiture assez — disons mieux, trop — étroite, nous nous fourrons, votre beaupère et moi, pour aller aux *Correos* prendre nos lettres. Quelle chance ! Pour tout potage : Un bulletin technique d'extraction, expédition, signé : E. B.... S'il y a quelque correspondance ce sera après une heure que nous le saurons.

De l'hôtel des Postes nous allons chez le banquier el Senor José Remigio L....., calle San Martin, 8. Superbe ce bureau de banquier ! M. D. prétend que nous allons voir le deuxième acte de *la Juive*. En attendant, comme il est dix heures et que les bureaux n'ouvrent pas si tôt, nous causons avec le premier garçon... ou employé. Nous lui expliquons de quoi il est question. Il prépare le reçu en double, entre temps, il me fait un compliment, qui a un certain air de sincérité, sur mon excellent parler et même sur ma prononciation. Votre beau-père prétend que je ne comprends pas ce que l'on me raconte. C'est de la jalousie ! Enfin il arrive, Il Senor L. Nous sommes en plein deuxième acte ; c'est Éléazar, dans une souquenille impossible. Du reste, de relations aimables, parlant un français compréhensible, ne prenant que $1 \ ^1/_2$ sur la somme dont il nous gratifie moitié or moitié papier. Imaginez-vous que le papier de la banque de Madrid ne sert qu'à Madrid ; il est vrai que chaque succursale a son papier spécial ! Comme c'est commode.

C'est une merveille qu'une semblable maison de banque. Jusqu'à la vraie ouverture, une demi-douzaine d'enfants y jouent, l'un dessine des bonshommes — M. D. en a chipé un qu'il destine à L. —, un autre dispose gravement une sorte d'objectif dans les rayons de l'enceinte du comptoir grâce à deux feuilles de journal, sans doute un journal de banque, profanation ! tandis que les trois autres se mettent en groupe. Au fait pourquoi un journal de banque ne servirait-il pas de chambre noire ? Cela dit sans penser à mal.

Cependant les employés arrivent ; une portière, — on en voit partout ici — se lève, la princesse Eudoxie... non, la mère apparaît, frappe dans ses mains, la nichée s'envole.

De chez le banquier nous allons au boulevard des Récollets faire une visite.

M. C... père, pour lequel nous avions une lettre de recommandation de M. Œ..., était absent. M. C... est un des principaux administrateurs des Chemins de Ciudad Real à Badajoz et d'Almorchon à Belmez.

Son fils fut charmant pour nous. Regrettant l'absence de son père, il se mit fort obligeamment à notre disposition.

L'idée d'un trajet de trente-deux heures, de Madrid à Lisbonne, nous préoccupait bien un peu. Et cependant s'arrêter à Badajoz, autant valait, nous avait-on dit, s'arrêter au désert.

Nous remercions M. C... de ses bienveillantes offres pour Madrid, mais nous lui disons nos appréhensions pour le trajet en question.

D'abord, il nous donna une *Tarjeta de Reservado* dont voici la teneur, traduction française : *Si les exigences du service le permettent, M. le Chef de la station de Madrid mettra un compartiment de première classe à la disposition de M. D... qui va à Badajoz.*

Date et signature.

Pareille requête pour notre excursion projetée à Tolède.

De plus et pour le cas où nous voudrions, sans compter sur l'hospitalité douteuse des hôtels de Badajoz, scinder notre longue traite, une lettre nous fut remise pour le Chef de gare de Badajoz pour qu'il eût à nous faire ouvrir les bâtiments particuliers de l'administration, inoccupés en ce moment.

Nous nous retirons peu après pour déjeûner, puis flâner, puisqu'on ne pouvait rien visiter des établissements publics.

Les marchés ont pour moi un certain attrait et je les ai pratiqués un peu partout. On y trouve un genre de population assez curieux à étudier et de plus on y fait connaissance avec des produits plus ou moins inconnus et parfois bizarres.

Ainsi, au marché Carmen, je pense, nous vîmes, à côté de beaux légumes frais, venus de Valence, pois, fêves, oranges et dattes, des horreurs de poissons, pieuvres, vers blancs gros et longs comme une plume avec deux petits yeux noirs, des chevreaux tout écorchés, de la taille d'un lièvre, dont les cotelettes fourniraient à peine une demi-bouchée.

Généralement, les rues sont pavées en morceaux concassés de marbres de la montagne, avec autant d'angles que leur en donnèrent une nature libérale et le marteau du casseur de pierres. On marche plus mal que sur les galets d'une falaise, heureusement il y a des intentions de trottoirs. Quelques grandes rues sont macadamisées, la pluie les transforme en immenses flaques de boue.

Comme les enfants qui apprennent à lire, mon compagnon épèle les enseignes — Dieu sait comme, — et il me faut les traduire. Puis ce sont des chevaux échappés, qui galopent dans la rue, comme feront demain les chevaux au *Corso* à Rome.

Nous remarquons les portes des maisons qui pour la plupart ont un air de robustesse splendide, à petits caissons ornés de clous à énormes têtes. L'entrée de ces demeures comporte une sorte d'antichambre vaste et donnant accès au fond, à droite et à gauche.

Un usage très remarquable et plein de sens consiste dans la façon de faire une serre à l'une des fenêtres principales de chaque étage. Je ne parle pas des balcons, c'est obligé. Mais imaginez que sur la partie supérieure on élève un vitrage de deux mètres environ qui forme un jardin. Ce sont des *miradores*. A l'abri de la pluie, aujourd'hui les dames regardent passer les masques. Ce n'est pas que ce soit d'une gaîté folle ; comme ces gens ont quatre jours pour s'amuser, ils s'amusent peu à la fois, économisant leurs joies pour les faire durer du dimanche midi jusqu'à l'aube du jeudi. Une seule chose à noter, la liberté grande avec laquelle, au Prado, les Polichinelles et autres escaladent les voitures, voitures ouvertes bien entendu. A peine la reine est-elle à l'abri de ces visites. La jeune souveraine se dépense en saluts.

On monte sans façon dans sa voiture, on s'assied sur les côtés, on intrigue (?) la reine.

Nous nous étonnions de ces libertés et nous nous disions : Ces masques sont probablement des jeunes gens de famille. Et comme nous faisions cette réflexion à M. X... « Point du tout, nous répondit il, ce sont peut-être des garçons coiffeurs ou des commis d'épicerie. Il suffit d'une *connaissance* dans la domesticité du palais pour apprendre quelques détails de la maison, quelque racontar d'antichambre sur lequel, avec un peu d'imagination, on peut broder une histoire, une aventure. Un nom, un mot bien placé servira à donner un air de vraisemblance...... Et puis, c'est l'usage. »

En voyant cet abandon plein de confiance, ce libre accès près de Leurs Majestés, on pense involontairement à Otero dont le procès s'instruit en ce moment même et on se demande comment les infâmes assassins échouent dans l'accomplissement de leurs projets lorsqu'il est si facile d'approcher des personnes royales.

Il y a certainement une providence.

Autre preuve. Nous venons d'apprendre l'attentat du Palais d'hiver, à Saint-Pétersbourg.

Revenons à nos masques.

Les *estudiantinas* ont un cachet. Généralement vêtus de noir, culottes courtes, chapeau tricorne à claque, rosettes en nœuds de rubans jonquille, les étudiants en Médecine arborent des squelettes, des crânes, des tibias en papier d'argent; les étudiants en Droit passent une cuiller et une fourchette en sautoir. Une estudiantina se compose de cinquante à cent individus marchant aux sons d'une musique composée de *tambourinos* sur lesquels on frappe avec les gestes les plus comiques, de flûtes discordantes et de guitares. C'est original sinon parfait au point d'oreille de l'harmonie.

Un agrément des beaux trottoirs quand il pleut! Un certain nombre de maisons ont à la naissance du toit une gargouille d'une exécution fort primitive, qui envoie aux passants de pleines gueulées d'eau venant des combles. Quand on le sait on se gare en rasant les maisons, mais quand on ne le sait pas ! C'est un système de douches à bas prix.

Visite à la basilique royale de N.-D. d'Atocha, à Santa Maria, à San Ginez. Ces trois essais ne nous ont pas absolument engagés à en tenter d'autres. N.-D. d'Atocha possède une collection de drapeaux conquis, mais c'est tout. On y disait la prière des quarante heures. Pour le moment on était au sermon. Il y avait sept femmes et un homme. Le prédicateur lisait dans un livre, puis il récita un acte de contrition spécial que l'assistance répétait après lui mot à mot. Eh bien, cela avait un certain air.

Pendant ce temps des enfants jouaient, dans le cloître attenant, à la balle empoisonnée et un poste de carabiniers se distrayait aux cartes aux portes d'entrée. Voilà ce que c'est qu'une basilique royale.

Santa Maria et San Ginez valent encore moins ; quand on a soulevé l'épaisse portière qui ferme l'entrée, on pénètre dans un bâtiment sombre, nu malgré ses dorures. Une natte couvre le pavé et les señoras s'agenouillent ou s'assoient à la turque là dessus.

Nous n'entendons pas crier *Le Petit Nord* et ses grrrands détails, mais ne vous imaginez pas que nous manquions pour cela de marchands de journaux. Et ils ont une bien fâcheuse manière d'annoncer leur marchandise, comme d'ailleurs tous les crieurs publics ici. C'est une psalmodie pleurarde, agaçante, avec des voix criardes : *La Correspondencia-a-a!*

La musique paraît être assez à la mode, si c'est faire de la musique que de tirer des sons quelconques d'instruments divers. Je ne parle plus des masques sauf cependant d'une bande d'aveugles qui soufflent dans le cuivre, *los disgraciados*, les disgraciés.

Dimanche, nous avons eu, à l'église San Louis, une messe chantée accompagnée par l'orgue et un orchestre bien composé. Une voix de ténor, un mezzo-soprano, trois ou quatre coryphées. Mais quelle composition musicale pour une composition religieuse! C'est du Verdi, c'est vous dire de pure musique italienne. Vous savez si le *Stabat* de Rossini, composé de ce côté des monts, je pense, est une musique *di Capella*.

Ce soir nous irons au *Teatro reale* entendre un *Ballo in maschera*. Nos places sont retenues, deux *butacas*, ou fauteuils N°s 23-24 file N° 10.

La location se fait très commodément, sans entrer au théâtre, à travers une croisée. Le théâtre n'a pas de baignoires.

Les théâtres ont leurs affiches sur leurs murs,

ailleurs défense d'apposer rien aux murailles : *No se permite fixar carteles.*

Si c'est une privation pour les curieux, c'est fort propre pour les murs. A défaut de réclames murales, j'en trouve une assez originalement collée sur une des pièces d'or de 25 fr. que m'a comptées ce matin le banquier. Voilà une idée neuve et qui vaut son pesant d'or.

A propos de monnaie, sachez que la fausse est si commune que depuis le real — 25° — en argent, jusqu'à la pièce d'or, tout marchand a soin de jeter à grand fracas toute pièce pour s'assurer par le son qu'elle est de bon aloi. On nous a raconté qu'une maison achète la fausse monnaie pour moitié de la valeur qu'elle est censée avoir. Qu'en fait ensuite cette maison ?... C'est trop audacieux pour être vrai.

Ne croyez pas, ah! ah! ah! (rôle de Rosine) que vous recevrez tous les jours des épîtres aussi longues, la pluie m'a donné des loisirs, et puis, je ne serai pas fâché plus tard de retrouver des notes pour écrire une relation *ad usum nostrum.* Je vois, je remarque tant de choses, que ma mémoire, quelque facile que je me plaise à la trouver, aura une certaine peine à ne pas trop perdre.

Je vous serre bien cordialement *la derecha* et *la isquierda* ce qui veut dire les deux mains.

MADRID.

10 février, 6 h. 1/2 du matin.

Mon cher P.

Je ne pensais pas pouvoir écrire aujourd'hui, car nous avions projeté d'aller à Tolède ; mais la pluie en dispose autrement et un respect louable pour notre santé nous fait remettre la partie à demain.

Je ne suis pas en disposition de me coucher et j'emploierai mon temps à la correspondance.

J'ai, avant tout, à remercier M⁰ C., de l'amabilité qu'elle a mise à me souhaiter bon voyage. Ses souhaits se réalisent parfaitement quant à la santé ; malheureusement il n'en est pas exactement de même quant à la température. Nous avions fort bien débuté, mais hier matin la pluie a commencé et elle continue aujourd'hui. C'est guignonnant quand on songe que depuis des semaines entières Madrid n'avait pas eu une goutte d'eau.

Mais nous sommes philosophes et nous prenons notre parti en braves, nous contentant de soigner notre santé. A cet égard nous avons mutuellement des attentions délicates. Aussi cet état de choses a-t-il remis en mémoire à M. D., certain voyage du jeune Anacharsis en Grèce, sous la direction d'un sage du pays. Moi, j'avais songé au voyage de Télémaque conduit par Mentor. Mais hélas! nos barbes, grise ou blanche, nous disent que nous ne sommes plus des premiers; nous devons être posés et sérieux comme le second. Cela ne nous empêche pas de profiter des distractions innocentes du voyage. Nous dévisageons volontiers *las caras*, mais ce n'est pas toujours flatteur, comme dit le chansonnier :

*Presumen de ser hermosas*
*Siendo feas cual ningunas !*

« Elles croient être belles, étant aussi laides que possible. » Puis, lorsque les dames ont atteint l'âge respectable qu'on avoue à peine, elles deviennent trop grasses, figure bouffie, c'est une remarque que j'ai spécialement faite hier soir *al Teatro real* où l'on voyait quelques dames décolletées, les bras nus de l'épaule au poignet. On jouait : *un Ballo in maschera*.

La salle est fort belle, grande, quatre étages de loges, pas de baignoires ni de parterre, tout le rez-de-chaussée en *butacas* ou stalles confortables, dont les rangées successives recommencent toutes au numéro 1 jusqu'à........ Une stalle coûte 14 francs. Pas de foyer, mais un admirable vestibule, un tapis moëlleux, comme du reste partout, absolument partout, et partout aussi on fume cigares et cigarettes, sauf dans la salle. Des bassines de cuivre sont déposées au pied de chaque colonne pour recevoir les détritus des *puros*, *papelitos*, et aussi des *fosforos* qui les ont allumés. Nous avons entendu un grand diable de fort ténor qui a commencé par crier à pleins poumons. Aussi est-il arrivé qu'il n'a pas tardé à pousser des notes impossibles et dont la justesse n'était pas la qualité dominante, il en résultait que les applaudissements étaient mélangés de chut, ou même d'exclamations poussées à haute voix : *Un otro!* C'est curieux comme on en prend à son aise ici avec les artistes ; on cause à peu près comme on le ferait dans son salon. Et puis, parmi les hommes, un certain nombre a revêtu l'habit noir, d'autres sont en lévite ou même en jaquette, mais personne ne porte de gants, sauf les dames. On fourre sans gêne ses mains *en las faltriqueras*, dans ses poches. J'ai lu quelque part que ce dédain des gants provient de la difficulté de les porter résultant de la transpiration que produit en Espagne la grande chaleur. Qu'on les prenne plus larges. Est-ce que les personnages peints par Velasquez ne sont point gantés ?

En somme nous avons entendu un fort bon baryton, une forte chanteuse agréable, un contralto suffisant, des chœurs bien unis. La mise en scène est soignée, les décors sans être remarquables sont d'une exactitude qui serre le livret d'aussi près que possible.

Pour le ballet, j'aime à croire qu'il est bourré d'autant de bonnes intentions que les maillots des demoiselles sont bourrés de coton, mais ça se borne là. Des marcheuses et voilà tout. Encore si elles avaient quelques agréments plastiques !

Donc nous prenons l'existence aussi agréablement qu'elle se présente, nous n'engendrons point la mélancolie et le seul regret que nous ayons, c'est que vous ne soyez pas, les uns et les autres, à tour de rôle, à partager nos sensations. Nous ne pouvons en façon de dédommagement que vous en tracer une esquisse.

Agréez donc nos lettres comme d'affectueux souvenirs, déposez *à los piez de su Sra* mes compliments bien sincères, et croyez à mes meilleurs sentiments.

TOLÈDE.

11 février.

On part le matin de Madrid pour aller visiter Tolède et on revient le même jour; c'est le moyen le plus commode d'effectuer ce voyage. Le train doit parcourir la distance en deux heures, il en met trois, n'importe.

L'entrée de la ville est à quelques cents mètres de la station, des omnibus font le service, mais mieux vaut s'en aller gravissant pédestrement la côte.

Cette cité, bien digne d'avoir été longtemps le Siége du gouvernement, est bâtie sur une montagne ou plutôt sur un massif de collines abruptes qui s'élève comme un promontoire et que le Tage rapide et profond entoure de trois côtés. D'en bas, elle présente un aspect pittoresque au plus haut point, étageant sur les pentes les restes de ses vieilles murailles, ses tours semi-mauresques, semi-gothiques, les flèches de ses églises, les murs cyclopéens de son Alcazar.

A gauche, un paysage d'Algérie, aux formes chaotiques.

Franchissons le Tage sur le pont d'Alcantara, arche gigantesque, traversons la place du *Zocodover* où les Tolédans viennent prendre le soleil — *tomar el sol*, c'est le terme consacré —, et arrivons à la Fonda Lino.

La chère n'y est guère succulente, mais c'est mercredi des Cendres et d'ailleurs on n'a pas à choisir. On déjeûne donc sommairement. Et en route sous la conduite d'un jeune guide, vêtu comme un volontaire de la marine royale, au teint jaune mât.

Voici l'Alcazar qui, détruit plusieurs fois, se reconstruit maintenant d'une manière grandiose et sert d'école d'infanterie.

Puis nous nous enfonçons dans les rues étroites et tortueuses de la ville. On se sent au cœur même de la vieille Espagne, dans la capitale successive des rois visigoths, des rois arabes, des rois espagnols. Ces trois dominations, mais surtout la dernière, ont laissé leur empreinte. Ce qui domine, c'est le caractère sombre et dur du moyen-âge, un mélange de l'esprit ecclésiastique et de l'esprit guerrier. Ville épiscopale et royale, ayant porté longtemps le double diadême du souverain politique et du primat des Espagnes, Tolède, qui ressemble au dehors à une forteresse, est à l'intérieur un amas de palais, d'églises, de couvents. C'est une ville du passé, une ville morte, une ville du xiv⁰ siècle. Elle est triste, de la tristesse des tombeaux. Autrefois, au temps des Maures, elle comptait 200,000 âmes ; il lui en reste 15,000 aujourd'hui. Les rues sont silencieuses, nous y rencontrons à peine quelques mendiants qui mangent au soleil je ne sais quel brouet dans des plateaux de bois qu'ils nettoient de leurs doigts. Les maisons sont muettes, les palais sont fermés, les restes de l'architecture arabe s'en vont pierre à pierre sans que personne paraisse s'en occuper.

On a beaucoup vanté la cathédrale, elle le mérite en grande partie. Le style en est bon, bien que les nefs latérales manquent de hauteur. Mais ce qui s'y trouve avec abondance, avec profusion même, ce sont les riches sculptures, les ornements sans nombre qui décorent, on pourrait dire qui encombrent tout cet intérieur.

Le chœur est un édifice de marbre, fouillé avec un art infini, une élégance merveilleuse. Ce ne sont que statuettes, ogives, colonnettes, flammes, guirlandes, fleurons. Et quelles splendides stalles!

Le guide ne manque pas d'appeler vos regards sur le rétable qui surmonte l'autel principal, dorures, marbres, peintures, avec tout un peuple de saints, d'anges, d'archanges, de séraphins et de chérubins.

Puis, ce sont des grilles en argent massif que

l'on a recouvertes d'une peinture noire afin de dérober la connaissance de leur immense valeur lors de la guerre et des exactions — il faut bien dire le mot — que l'Espagne eut à souffrir de la France au commencement du siècle.

On ne peut entrer dans la cathédrale de Tolède sans penser au grand cardinal Ximenès, le confesseur d'Isabelle, à qui Ferdinand dut de conserver la Castille, et Charles-Quint d'être roi d'Espagne, si bien l'homme d'église sut réfréner la turbulence et l'orgueil des grands et triompher de la tenacité des franchises provinciales. Et montrant son cordon de Saint-François : « Voilà, disait-il, qui suffit à brider les nobles de Castille. »

Avant de quitter la cathédrale, un regard à une chapelle au style simple et sévère, la chapelle Mozarabe.

On sait que les Mozarabes étaient des chrétiens qui, après la conquête, avaient accepté la domination arabe mais en continuant d'exercer leur religion sous les califes arabes, c'est-à-dire le rit des Visigoths. Plus tard, quand la domination espagnole l'eut emporté à son tour, les mozarabes fidèles à leurs traditions refusèrent d'accepter le rit romain. Des émeutes s'en suivirent. Mais le cardinal Ximenès comprit ce qu'il y avait de respectable dans cet attachement des Mozarabes à leur liturgie et pensa justement que Dieu peut être adoré et servi sous des formes différentes. Quand il devint archevêque de Tolède, il voulut qu'une chapelle fût consacrée au vieux rit national dans la métropole, il institua un chapître spécialement chargé du service de cette chapelle avec injonction d'y officier suivant le rit mozarabe. Ce qui se continue encore maintenant.

Passons vite devant un énorme Cristobal (St-Christophe), peint à la fresque et qu'on devrait bien cacher sinon détruire. Nous le retrouverons dans une autre ville d'Espagne.

Nous avons vu quelques rares fidèles venant baiser respectueusement la pierre sur laquelle la Sainte-Vierge posa le pied lorsqu'elle vint apporter à Saint-Ildephonse la chasuble en *toile du ciel.* J'ai remarqué la manière dont les fidèles forment leur signe de croix. C'est assez compliqué. D'abord sur le front en disant : *Par le signe de la Croix;* puis sur la bouche : *De nos ennemis;* sur le menton, la poitrine et les épaules : *Délivrez-nous, Seigneur;* quatrièmement sur le front, la poitrine et les épaules, comme en France et avec les mêmes paroles ; enfin on pose l'index en croix sur le pouce et l'on baise la Croix ainsi figurée.

Rien n'est plus curieux que ces signes multipliés lorsqu'à l'heure de la Messe arrive la foule des fidèles, c'est une agitation de mains, de doigts des plus singulières. On recommence à l'élévation en même temps que l'on se frappe la poitrine, souvent avec une grande vigueur.

Parmi les églises que nous visitons encore, je citerai celle de St-Jean-des-Rois ; à la corniche du dehors, un touchant souvenir. Ce sont, suspendues, les chaînes de fer des malheureux chrétiens que les corsaires retenaient à Grenade et qui furent délivrés lors de la prise de cette ville.

Une ancienne synagogue, transformée en église sous le nom de *Santa-Maria-la-Blanca*, date des premiers temps de la domination arabe. C'est un des très rares débris assez bien conservés de cette époque. Il se compose de trois nefs d'arcades mauresques en fer à cheval, soutenues par des piliers hexagones dont les chapiteaux de feuillage sont tous de formes variées. La nef principale est plus élevée que les deux latérales, elle est ornée d'une galerie figurée de trèfles séparés par des colonnettes.

Tolède a conservé son ancienne réputation pour la fabrication des aciers pour armes blanches ; on a ployé en rond devant nous des lames d'épée, on a traversé des feuilles de fer avec un poignard sans en émousser la pointe. Nous avons vu fabriquer les nielles d'or et d'argent. A grands coups de masse tombant sur de minces stylets d'acier, on enfonce les métaux précieux dans le fer, on dessine des fleurages, des rosaces, des pointillés pour des bijoux, des lames de luxe que l'on vend à bon prix aux visiteurs curieux.

Nous apercevons à un kilomètre sur la rive droite du Tage, la fabrique d'armes blanches qui fournit tout l'équipement des soldats espagnols. Elle chôme en ce moment, — heureux présage de paix, bien que le proverbe dise : *si vis pacem para bellum*, — une fabrique qui ne marche pas n'a point d'intérêt ; nous laissons celle-ci.

J'aurais bien d'autres lignes à écrire sur Tolède, mais je préfère renvoyer mon lecteur à Germond de Lavigne qui est assez exact en ce qui concerne cette ville.

Je n'ajouterai qu'un souvenir pour une *posada*, c'est-à-dire une auberge de l'ordre le plus modeste, disons mieux, le plus sale. Au coin de la rue du Sang, *Calle de la Sangre*, on aperçoit au-dessus d'une porte de mine suspecte une plaque en marbre blanc avec inscription en lettres dorées ; ce taudis a eu l'honneur d'héberger autrefois l'auteur de Don Quichotte, Miguel Cervantes. C'est une posada aujourd'hui. L'hospitalité s'y vend à raison de 0.50 c par nuit pour un lit sans draps, 1 fr. avec draps. Les chambres ont une porte ouvrant sur une galerie à 2 m. 50 du sol d'une cour où grouillent, piaillent, picorent toutes sortes d'animaux. Cela vous a l'air d'un coupe-gorge parfait. Les gens de la maison nous regardent d'un œil farouche qui ajoute à l'illusion.

Nous allons reprendre le chemin de la station, car ce n'est pas à cinq heures que repart le train — comme l'indique le guide officiel — mais à quatre heures vingt-quatre.

Je ne quitte pas Tolède sans emporter un petit imprimé que j'ai emprunté à la porte d'une église et qui a son cachet. Je traduis littéralement :

« Tous les prêtres qui désirent célébrer le Saint Sacrifice de la messe en appliquant leur intention à l'âme de dame Doña Francisca Martin de Ambrosio, pourront le faire dans l'église de St-Martin, évêque de cette ville, le 17 janvier 1877, à partir de 6 heures du matin, et recevront l'aumône *(la limosna)* de dix réaux. »

Nous venons de franchir le pont d'Alcantara, et nous voyons devant nous deux des six mules de l'omnibus couchées sur la route. Plus vite et plus sûr est d'aller à pied.

MADRID.

12 mars.

C'est décidément ce soir que nous nous mettrons en route pour Lisbonne ; couchons auparavant par écrit nos dernières notes.

Nous sommes retournés au Prado voir encore une fois les masques. L'entrain est toujours le même. Ce peuple vit absolument pour vivre, depuis le riche citadin, jusqu'au mendiant déguenillé. Et il y en a de ces derniers ! Mais tout cela rit, chante, d'une voix au timbre clair. Tout en dormant fort bien, je les ai entendus toutes ces nuits et ce n'était pas désagréable.

Puisque j'en suis au Prado, sans vouloir le juger comme agrément attendu qu'il y faudrait venir par une soirée d'été, je lui trouve peu de charmes en lui-même. Cette longue promenade n'a que des statues médiocres. Quant aux fontaines elles sont du mauvais goût le plus complet. L'une représente une grosse Cybèle qui n'a de remarquable que sa lourdeur, l'autre est un

Neptune qui a assez l'air d'être assis sur deux roues d'un bateau voguant. Les *abanicos* (éventails) n'avaient encore que peu d'occupations.

Décidément, plus je réfléchis à l'impression que m'a produite Madrid, moins je trouve là une vraie capitale. Elle possède la Cour, les Ministères, les Chambres, mais elle ne vit pas, elle reçoit l'impulsion et ne la donne pas.

Ses environs sont pauvres et tristes ; située sur un plateau au milieu de collines qui prolongent des montagnes, elle a le pauvre climat que j'ai dit précédemment. Pour fleuve, cette animation de toute grande ville, elle a le Manzanarès dont la réputation de pauvreté est faite.

Ville née depuis trois siècles, elle n'a guère de souvenirs, guère de monuments. Les magasins les plus en vue se fournissent d'articles de Paris. Les églises ne disent rien à l'imagination, encore moins au cœur.

Un détail en passant. Que ceux qui, sur la foi d'autrui, parlent des désordres qui ont pour théâtre le confessionnal et spécialement en Espagne, viennent donc visiter ici les églises. Le confessionnal n'a ni grilles, ni rideaux, il est placé au beau milieu des fidèles. Et je ne sache rien de plus ouvert aux yeux de tous que cet asile de l'aveu secret et du pardon mystérieux.

Ximenès eut sans doute de bonnes raisons pour transporter pendant sa régence, sous la minorité de Charles-Quint, le siège du gouvernement à Madrid. Mais les anciennes capitales : Burgos, Tolède, Séville, Valladolid avaient bien mieux mérité d'être capitales sous les anciens rois. Séville surtout, présentait des avantages sérieux, — outre ceux du climat et de ses constructions anciennes, de sa richesse, — dans sa proximité de la mer alors que les intérêts de l'Espagne avaient pris une nouvelle importance par la découverte du Nouveau Monde.

Après Ximenès, Philippe II transporta la Cour, comme le Cardinal avait transporté les services de l'État et Madrid demeura capitale.

Mardi, nous sommes retournés au Théâtre Royal, entendre un remarquable ténor, Gayarre, dans *la Favorita*. Il nous a fait un véritable plaisir. On le dit sur le point de partir pour Londres et engagé à Paris pour l'hiver prochain.

Si nous avons eu ce soir là le plaisir des oreilles, celui des yeux ne nous a pas fait défaut. Devant nous vint se placer un type plus original que joli et cependant singulièrement attrayant d'une petite femme, pâle, assez maigre, mais pourvue d'yeux splendides et dont les flammes étaient autrement vives que celles des énormes et scandaleux diamants qu'elle portait en dormeuses, en bracelets, en croix épiscopale. Elle avait le buste modelé dans un juste-au-corps de satin blanc, tramé de pourpre et broché de même, la chevelure courte et toute emmêlée. Mais outre les yeux superbes, elle avait le nez le mieux fait du monde et l'oreille grande et nacrée comme un pétale de rose du Bengale.

« C'est une russe ! dit mon voisin.

— Une polonaise ! » fais-je à mon tour.

Nous l'avons retrouvée ce matin au déjeûner ; c'est.... une anglaise et qui *flûte* fort bien la bière de Strasbourg.

Chapitre des reconnaissances. Voici encore à notre hôtel deux anciens lillois temporaires, MM. S... de F... et C..., que nous connûmes à la Préfecture du Nord. Ces messieurs suivent ici une grosse affaire, la concession à M. D... d'un chemin de fer N. O. en Espagne. Leur entretien ne fait que nous confirmer ce que nous connaissions déjà, à savoir les tracas inouïs et les difficultés auxquels donne lieu toute affaire avec le gouvernement espagnol.

Enfin, nous avons pu aller faire une visite sommaire à ce Musée qui est le plus riche du monde sinon celui où se trouve la suite la plus complète des origines et de l'histoire de l'art. A notre Louvre cette gloire.

L'école espagnole est ici représentée dans une proportion vertigineuse, en tête Velasquez, Murillo, Ribeira. Viennent ensuite les Zurbaran, les Herrera, Alonzo Cano, Moralès, Joanès et tant d'autres à la suite.

L'école flamande, l'école italienne peuvent réclamer au Musée de Madrid de magnifiques toiles de leurs premiers artistes et on ne s'en étonne pas quand on se rappelle que la monarchie espagnole a longtemps été maîtresse des Flandres, de la Hollande, d'une partie de l'Italie et que ces rois qui se nommaient Charles-Quint, Philippe II, Philippe IV, possesseurs des richesses immenses que leur avaient procurées les trésors de l'Amérique nouvellement découverte, pouvaient satisfaire les désirs soit d'un amour vrai des arts, soit d'une vanité royale.

L'aspect général du Musée de Madrid, surtout de la grande galerie, est austère. Cela tient en grande partie à ce que les sujets des peintures appartiennent au genre religieux, ou à la peinture officielle. Velasquez fut surtout un peintre de cour, Murillo ne peignit guère que pour les églises et les couvents.

Velasquez fut le peintre de la réalité, non de ce réalisme qui s'appelle aujourd'hui le scandale et que, de certaines toiles, nous voyons passer dans la littérature. Il a peint le mouvement, la vie, sans rien ajouter à la nature. Il n'a pas demandé l'effet au prestige de la couleur, aux reflets d'étoffes, aux piqûres de la lumière sur des métaux, aux oppositions, aux heurts. Mais examinez attentivement, longuement et vous verrez ses personnages sortir du cadre, s'animer, respirer, agir, vivre enfin. Son tableau des Buveurs, *Los borrachos*, dans le salon de la reine, *La forge de Vulcain*, ses nombreux portraits, *Las Meninas*, nous ont longuement arrêtés et pas assez cependant à notre désir. Dans la galerie, son *Christ mort* est un chef-d'œuvre de peinture. « Ce Christ est trop vrai, trop réel, a dit un critique ; il est si vrai, si réel qu'il en est effrayant. » Ce n'est pas le Christ mourant, c'est le mort inerte et froid. Chairs exsangues, d'une blancheur bleuâtre, roideur cadavérique, cheveux imbibés de sang, aplatis, collés sur le front, c'est d'une vérité poignante.

Retournons-nous et reposons notre esprit sur ces charmants Murillo, l'élève et non l'imitateur du grand maître qui fut son protecteur. Tous deux, Velasquez et Murillo avaient vu le jour à Séville.

Rien de plus clair et de plus séduisant que la peinture de Murillo, rien de plus doux à l'œil, de plus harmonieux, de plus velouté que son coloris, avec une grâce un peu molle, mais souveraine, la *morbidezza* des Italiens. Les Espagnols disent de Murillo que ses chairs sont peintes avec du lait et du sang mêlés ensemble, *con leche y sangre*. Les ombres sont plutôt des lumières adoucies que des couleurs atténuées.

Il fallait quitter toutes ces merveilles devant lesquelles nous ne pûmes assez nous arrêter. Restait une visite. Celle-là était à un étage supérieur où il fallait monter par un escalier taillé dans l'épaisseur du mur. Nous allions voir des Goya.

Mon Dieu! Que de choses singulières ici! Sont-ce des œuvres de maître, ou des caricatures? Ces toiles sans cadre ont l'air d'être au lazaret. La ville manque d'argent, dit-on, et les œuvres n'ont pas tout à fait la valeur nécessaire pour qu'on se décide à un sacrifice afin de les mettre entre bâtons dorés! Certes, on aperçoit de ci de là la griffe du génie, mais en vérité il faut être plus artistes que nous ne le sommes pour bien deviner tout ce que ces tableaux présentent de supérieur.

Adieu, Madrid!

## DE MADRID A LISBONNE.

12, 14 février.

---

LISBONNE, 14 FÉVRIER.

Mon cher L.

En attendant que les gens soient visibles, ce qui paraît n'avoir rien de trop matinal en ce pays, je viens te donner un léger narré de nos trente-six dernières heures. Les *vieux* n'ont pas encore à réclamer les soins d'une sœur de charité et ne dépenseront pas cinq francs, c'est-à-dire neuf cents réis, monnaie du pays, pour un télégramme à l'effet de demander des béquilles. Deux nuits et un jour de chemin de fer, compliqués de cuisine de fonda espagnole, n'ont pas laissé chez nous la moindre trace de fatigue. Nous avons quitté Madrid jeudi soir. Partis de l'hôtel à huit heures et demie du soir, vingt minutes d'omnibus pour aller à la gare, une heure d'attente, la vapeur nous emmène à neuf heures cinquante.

Les hautes protections que nous devions à MM. Œ. et Cie, etc., nous valurent le privilège d'un compartiment *reservado*. Cela nous faisait à chacun une banquette et comme la largeur des wagons espagnols et portugais dépasse celle des wagons français, tu vois quelle belle dimension nous avions pour nos lits.

Aussi nous nous endormons du meilleur de notre cœur.

Dès six heures, j'avais fini ma nuit, je soulève la portière, mon compagnon dormait toujours. Le soleil commençait à rougir l'Orient. Il faisait doux; au lieu de la neige des Pyrénées, la Sierra Morena était pleine de verdure, les jacinthes, les pâquerettes, les renoncules, les asphodèles s'épanouissent de toutes parts.

M. D. se réveille, il est neuf heures.

Nous discutons sur l'essence des arbres et nous n'étions pas parvenus à nous entendre, lorsque le déjeuner mit fin aux dissertations. Ah ! mon ami, Dieu te garde, même en carême, de la cocina espagnole ! Omelette au safran, comme le voile de l'aurore, si nous en croyons Homère ; bœuf bouilli accommodé à une sauce qui le rend pour moi sacré, j'en ai avalé deux bouchées, la première par surprise, la seconde par respect humain, n'osant la remettre sur mon assiette. Un accommodage de je ne sais quelle viandaille couronnée de riz au safran demi-cru, des côtelettes. Mon compagnon qui jusque là se délecte sous prétexte de couleur locale, refuse obstinément ce plat. Puis de la hure de cochon, des raisins secs, du gruyère, des oranges, de la pâte de coings en parallélipipèdes. J'ai grignotté du pain, sucé une orange, après un peu d'omelette.

Nous repartons, la campagne a enfin un air cultivé, des vignes, des figuiers, des amandiers en fleur, des oliviers au feuillage triste, enfin des haies d'énormes figuiers de Barbarie, de cactus, d'aloès, bordant très inégalement le chemin de fer.

La chaleur nous oblige à tenir les deux portières ouvertes. De temps à autre, des arrêts de vingt, trente et quarante minutes. C'est le pays de la patience. L'espagnol se moque bien du retard. Se chauffer au soleil, ici ou là, c'est tout un pour lui; manger plus ou moins tôt, cela lui est bien égal, il mange si peu — et il a bien raison —, il lui reste sa cigarette et le grand verre d'eau fraîche que l'on vend à toutes les stations.

Nous avions de la Direction une lettre pour faire mettre à notre disposition les chambres de l'administration à Badajoz, si nous voulions y passer la nuit. Il était 4 h. 1/2 du soir. Si nous couchions à Badajoz, nous devions rester toute la journée de samedi en chemin de fer. Nous comptions 500 kil. depuis Madrid, il nous en restait 300 pour aller jusqu'à Lisbonne. Nous nous tâtons et nous décidons bien vite et à l'unanimité de nos deux voix de continuer la route.

Le dîner nous réclame. Un potage salé au possible ; bœuf, même édition que celui du matin. Ah ! M. le curé pouvait bien me dispenser des obligations du carême, le menu des repas des fondas est une série non-interrompue de privations. Toutefois on nous sert des perdreaux rôtis et j'en fais mettre un en papier, pour le manger plus tard avec un petit pain. Heureusement, nous avons des oranges, des tablettes de chocolat, de la bonne humeur.

Nous entrons en Portugal au moment où le soleil nous dit bonsoir, 6 h. 1/2. Nous prenons un à-compte sur la nuit. A 11 h. 1/2, arrivée à un embranchement *Entrocamento*, où nous absorbons à nous deux trois tasses à café d'un chocolat exquis, très épais, pour la somme de trois cent soixante reis. Rassure-toi, pour nos finances, cela fait deux francs. Le reis est une monnaie fictive qui vaut un peu plus d'un demi centime, soit dix-huit mille reis pour cent francs.

Enfin nous entendons le bruit du train qui arrive d'Oporto et que nous attendons depuis une heure et demie, il est près de deux heures du matin quand nous partons. Nous recommençons à dormir jusqu'à ce que des becs de gaz nous annoncent autre chose que de petites stations. C'est Lisbonne, et sous la faible lumière du matin qui pointe, nous voyons le Tage immense. Visite de la douane, les commissionnaires et garçons d'hôtel nous assomment de leurs offres. Il faut les envoyer au diable en n'importe quelle langue.

Dans mon itinéraire préparatoire, j'avais indiqué l'hôtel Central. Les personnes que nous venons voir avaient retenu des appartements Grand hôtel de Lisboa. Mais rien qu'une visite aux chambres de ce dernier, nous en avions assez. Nous sommes donc revenus à l'hôtel Central et nous nous en applaudissons. Il est très propre, paraît grandement monté et fort respectable. Le Tage est devant nous, une belle place nous en sépare. Du reste, nous ne sommes pas encore sortis, notre première visite va être pour le banquier où nous prendrons de la monnaie portugaise. Car tout cela change suivant les pays.

Comme il pleuvait, nous hélons une voiture. Après avoir roulé six à huit minutes le cocher nous arrête en pleine rue, et nous invite à descendre chez le Rothschild demandé, par une pente en terre glaise où l'on a toutes les chances de prendre gratis les plus beaux billets de parterre. Comme l'aveugle et le paralytique de la Fable, nous nous portons un mutuel appui et nous parvenons sans encombre chez le banquier. La chose réglée nous allons rua do Thesouro Velho.

Ici, j'arrête ma narration pour le déjeuner et je laisse à ton imagination le soin de rêver à nos destinées.

En somme nous allons bien, très bien, sauf que ton oncle a un peu de mal de tête qu'il attribue à notre course matinale en omnibus. Rues montueuses auprès desquelles Montagne de la Cour et autres montagnes de Bruxelles ne sont que de la Saint Jean. Pavé en galets artistement joints, trottoirs en charmantes mosaïques, aspects pittoresques.

Sur ce, mon cher L., que Dieu t'ait, toi et les tiens, en sa bonne garde; charge-toi des bonjours et amitiés, Q. S. comme on dit dans le recipe des pharmaciens.

LISBONNE.

14 février.

Ma chère C.

Notre première journée à Lisbonne a été un peu contrariée par la pluie, néanmoins nous avons bien profité du séjour et nous avons pris une idée générale de cette belle ville autrement capitale que Madrid.

François Lallemant a été fort ému en revoyant son ancien patron. Il a maintenant la barbe et les cheveux blancs, sa physionomie est celle d'un homme qui a beaucoup travaillé. Il connaît moins la ville qu'il ne serait désirable pour être un bon guide. Aussi s'est-il adjoint un de ses intimes de plus de trente ans, un capitaine au long cours, M. Henri de Brion, qui parle facilement le français, a beaucoup vu et possède une poitrine d'airain que les plus longues descriptions ne paraissent pas fatiguer. Il a été notre fidèle compagnon de deux heures de l'après midi à onze heures du soir. M. de Brion est ce marin qui amena François la première fois qu'il vint à Lisbonne. Grâce aux fureurs de Neptune, ils mirent plus de quarante jours à une traversée qui ne demande pas d'ordinaire le dixième de ce temps.

Nous sommes donc montés en voiture pour promener *intra et extra urbem*.

Une calèche à l'antique, attelée de deux beaux chevaux, cocher intelligent; sur le siége de devant un jeune *singe*, José, apprenti compositeur, arraché pour la circonstance aux délices du *pâté*, et dont la mission consiste à ouvrir les portières et soigner autres menus accessoires.

Notre premier arrêt est sur un point culminant, le jardin de *S. Pedro de Alcantara* d'où nous jetons un regard d'ensemble sur la ville bâtie sur sept collines. En nous retournant, c'est le Tage, dont l'entrée superbe rivalise de splendeur avec les baies de Constantinople et de Naples.

Le fleuve n'a pas moins de quatorze kilomètres de large et bien que le temps ne soit pas des plus clairs, on aperçoit très distinctement l'autre rivage avec ses maisons blanches. A nos pieds un jardin tout embaumé, de grands rosiers épanouissant des fleurs magnifiques, les géranium, les cinéraires, les ageratum et cent autres variétés de plantes sont d'une végétation luxuriante et couvertes de fleurs. Les arbres de nos contrées n'ont pas encore de feuilles, mais ceux propres au pays sont verts comme au printemps. La place où est érigée la statue de Camoëns m'a particulièrement frappé à cet égard. Ses poivriers étalaient en février leur élégante frondaison entremêlée de leurs grappes de fruits de corail rosé.

Une halte devant la statue qui décore cette place que j'ai chaque jour traversée plusieurs fois et qui m'a laissé l'un de mes plus vifs souvenirs de Lisbonne.

Il regarde du côté de la grande mer, le poëte qui par son génie était de la famille d'Homère, de Milton, du Tasse. Il semble défier l'Océan d'essayer une fois de plus d'anéantir le poëme qu'il arracha aux vagues en courroux. *Os Lusiadas* sont gravés dans la mémoire des Portugais.

A son égard nous sommes trop ignorants en France de la valeur littéraire de Camoëns, et lors du troisième centenaire qui mettra Lisbonne en fête, aux premiers jours de juin prochain, nous nous associerons à cette manifestation avec plus de bonne volonté que de compétence.

Et cependant la France y sera représentée par nos compatriotes de Lille ; l'imprimerie des frères Lallemant éditera à la louange de Camoëns, une suite de stances heureusement pensées et noblement exprimées.

Nous continuons la promenade. En raison de la conformation du terrain sur lequel Lisbonne est bâtie, nombre de rues sont en pentes rapides, ce qui n'empêche pas les chevaux de galoper avec une merveilleuse sûreté de pied. La place du Commerce, où sont les ministères, la douane, les grands établissements, est majestueuse. D'énormes blocs de marbre, sous forme de colonnes carrées supportent une façon de cloître ayant dans des proportions triples et sur trois faces du carré l'aspect des arcades de la rue de Rivoli. C'est grandiose. Sur le côté du Nord, un bel arc de triomphe donne entrée dans la rue Augusta, qui avec deux autres rues parallèles, celle de l'Or et celle de l'Argent — *do Ouro, da Prata*, conduisent à la place de *D. Pedro*. Au milieu de la place *do Commercio*, s'élève une statue de bronze fondue d'un seul jet et placée sur un monolithe, elle représente le roi *D. José I*, qui releva Lisbonne de ses ruines après le terrible tremblement de terre d'il y a cent vingt six ans.

Nombre de façades sont revêtues de carreaux de faïence vernissée, aux dessins coloriés dont un certain nombre figurent des compositions relatives au commerce même de la maison. Le marbre brut est la matière dont sont construites beaucoup de demeures. En quelques endroits on l'a poli et les teintes en sont très variées et très

VUE DE LISBONNE — PLACE D. PEDRO IV. THÉÂTRE DONA MARIA II.

belles. C'est le marbre aussi qui a servi au pavage, les essais que l'on a faits du grès n'ont pas réussi. Le grès s'use et devient glissant, dangereux pour les chevaux dans les pentes rapides. Le marbre concassé n'a pas ce désavantage. Les trottoirs sont de véritables mosaïques, en petits cubes noirs et blancs, formant des rinceaux, des volutes, de capricieux méandres.

Nous sommes sortis dans la campagne, voici des champs de blé, de pommes de terre verdoyants comme en avril, des fèves en fleurs, des pois en cosses.

La température est d'une douceur inouïe sans être fatigante ; portières de devant, de côté, tout est ouvert. Je n'ai que ma redingote et je n'ai pas froid le moins du monde. Nous passons devant des guinguettes où le peuple vient s'esbaudir et boire du vin à quatre sous (40 reis), meilleur marché qu'en ville. L'octroi ici est la seule ressource du budget des villes, comme la douane et le tabac forment le budget gouvernemental. Aussi quelle âpreté aux visites et la belle armée de gabelous !

Mais nous sommes en face d'un travail gigantesque, le magnifique aqueduc *das aguas livres*, qui amène l'eau des montagnes de *Cintra*, distantes de vingt kilomètres. Cet aqueduc franchit la vallée d'*Alcantara* aux portes de Lisbonne, sur trente cinq arches dont la principale a soixante quinze mètres de hauteur sur trente cinq mètres d'ouverture. Le réservoir final ou Château d'Eau est devant nous, nous y montons.

Impossible de te redire l'impression quasi stupéfiante que nous éprouvons devant cette masse d'eau de douze mètres de profondeur sur un carré de cinquante mètres de côté, qui s'alimente sans cesse de l'eau tombant en murmurant du haut d'un petit travail de sculpture.

Nous montons encore dans l'épaisseur des murs. Nous sommes à la plate-forme d'où nous dominons le paysage et nous avons sous les yeux un panorama ravissant, les montagnes lointaines à droite, la mer qui se confond avec le Tage à gauche.

LISBONNE.

15 février.

Ma chère C.

J'ai fait la connaissance de M<sup>me</sup> François Lallemant, qui m'a paru fort aimable. L'ascension jusqu'à son appartement est un petit travail, près de cent marches. Aussi a-t-on nommé l'habitation le *Belvéder*. En effet, la vue y est superbe ! On a là, presque sous la main, le Tage dans toute sa largeur, l'horizon lointain avec les *serras*, puis là-bas, à l'entrée du fleuve, la gothique tour de *Belem*.

Du reste, dans cette ville, il y a des surprises bien amusantes. Notre voiture nous dépose à la porte de notre cicérone, le capitaine de navire, dont je parle dans ma lettre à C... Nous entrons de plain-pied dans ce que nous pensons être un rez-de-chaussée. On lève le rideau de la fenêtre du salon, nous sommes sous le toît, à la hauteur d'un cinquième étage dans la rue adjacente.

L'hôtel Central est très bien comme appartement. Mais on nous dit que c'est un hôtel de commis-voyageurs. Cela ne nous importe guère. Si les imprévus de notre humeur voyageuse n'avaient pas dérangé les plans de Lallemant, nous serions arrivés samedi soir, une vraie députation de huit personnes devait venir nous recevoir, nous conduire à l'hôtel Bragance. Au lieu de cela, comme je l'écrivais hier, nous sommes allés au grand hôtel de Lisbonne, *largo do Calhariz*. C'était une entrée princière. Un immense escalier comme ceux du Louvre, les murs revêtus de faïences vernissées faisant paysages comme ces murs que nous avons vus à l'Exposition de 1878. Mais les appartements manquaient de charmes. D'ailleurs, nous étions conduits par un intendant à peine réveillé et qui ne savait rien faire valoir d'un hôtel qui a des proportions magnifiques comme nous le vîmes bien le soir.

En effet, M. D. ayant invité F. Lallemant et deux autres personnes à dîner, nous nous retrouvâmes, non sans quelque étonnement, dans la maison qui nous avait semblé peu agréable le matin. La salle à manger est une merveille. Large, spacieuse en tous sens, les murs avec ornements dorés, des toiles, de vieux plats du

Japon et de Chine, le plafond avec une grande scène peinte très décorative.

Nous avions une petite table séparée, sur le côté de la grande, brillante de vaisselle, de cristaux, de porcelaines. Le propriétaire, Joao da Matta, a la réputation d'être le premier cuisinier de Lisbonne. Et il ne l'a pas volée. Je ne te rappellerai pas le menu ; les vins étaient délicieux, un vin blanc sec du pays, du Saint Julien parfait et un verre de Porto de 1815. Nous fûmes assez sobres pour ne pas céder aux tentations de la table et nous étions en parfait état quand nous remontâmes en voiture pour aller au cirque. Il y a une chose qui m'amuse toujours beaucoup, c'est le compte de la monnaie. Ce dîner à cinq personnes a coûté la modeste somme de quinze mille six cents reis, pour-boire compris. Traduit en francs, cela fait quatre-vingt huit francs environ. Une heure de voiture à quatre places coûte de huit cents à mille reis, c'est-à-dire quatre à cinq francs.

Le cirque, qui est en permanence tout l'hiver nous présentait la suite d'exercices que tu sais. Il y en a eu deux pourtant qui avaient pour moi le charme de la nouveauté. Le premier, qui n'était pas absolument inédit, mais qui a été accompli avec un brio très applaudi, se nomme *as Rosas*. Deux écuyères, un *écuyer*, tour à tour portent à l'épaule une rose que les deux autres cherchent à enlever. Ce sont des renversements de reins, des changements d'allures, des tours de force équestres réellement charmants. Le second exercice qui se nomme *Campanologos* est accompli par trois clowns qui ont chacun quatre sonnettes, deux dans chaque main et qui jouent des morceaux très originaux ; c'est unique et fort amusant.

Je perds le reste de mon papier, car je vais voir si mon compagnon est levé et prêt à aller à la messe.

Je t'embrasse de tout cœur.

LISBONNE.

15 février.

Ce fut un grand jour pour nous tous que le dimanche 15 février.

Au sortir de la messe à S. *Paulo*, François Lallemant vient nous prendre pour aller voir l'imprimerie. Nous y sommes reçus par son frère Adolphe et le grand patron examine jusqu'en ses moindres détails cet établissement très ingénieusement disposé de façon à ne pas perdre un coin, à tout utiliser autant que le permettent les besoins du travail.

Des ordres du jour montrent par leur teneur quelle discipline règne dans tout le service. Nous admirons une propreté exacte et qu'on voit bien être habituelle et non de circonstance.

On imprime en ce moment un journal portugais *O Occidente*, revue illustrée. Les découpages faits avec beaucoup d'art, par Adolphe Lallemant et qui ne comptent pas moins de seize épaisseurs, donnent un résultat vraiment artistique.

On nous montre ensuite des épreuves de grand luxe, tirées sur satin blanc, un portrait de la reine, des programmes, des titres, pour l'impression desquels on a tiré un excellent parti des Derriey et aussi des fontes venant de l'atelier lillois. C'est plaisir de voir quels sentiments de gratitude ces détails excitent chez les deux frères qui ont conservé pour leur ancien patron un culte de dévouement. — Vous en avez été ému, ne vous en défendez pas, cher maître.

Nous terminons la visite par une courte station dans le bureau de la direction de l'établissement, intelligemment conduit par François; M. D. serre de grand cœur la main aux chefs des diverses divisions en laissant un souvenir de son passage au personnel des ateliers.

Hélas! le temps d'hier ne s'est pas amélioré, la tempête que nous avions trouvée à l'arrivée continue. Que faire?

Eh bien, puisque le Tage, autant dire la mer, est en furie, allons le voir de près, et nous voilà partis à la remise des embarcations royales. Le vent souffle et chasse la pluie à travers les portières de notre véhicule qui n'est pas équipé pour une température pareille. Nous descendons; c'est le fleuve alors qui nous envoie ses embruns. Nos bottines clapottent dans le sable humide, n'importe, nous allons et nous voici enfin à l'abri sous un immense garage.

François Lallemant nous présente à Son Excellence M. Charles Folque de Possollo, aide-de-camp de S. M. le Roi D. Luiz.

M. de Possollo, issu d'une des plus anciennes et des plus nobles du Portugal, est un type très distingué de gentilhomme. Dès son enfance, il eut pour la marine mieux qu'un goût prononcé, une véritable passion. Les ancêtres de M. de Possollo ont une fière devise : *Soli fas cernere solem*. La place de ce gentilhomme était marquée près du trône. Aussi lorsque D. Luiz parvint au pouvoir suprême, S. M. reconnaissant en lui un vaillant et intrépide marin, dont la réputation de bravoure et de loyauté était bien établie déjà et de lui particulièrement connue, le nomma son aide-de-camp.

Sa poitrine aux jours de cérémonie, est constellée de nombreuses décorations étrangères, aujourd'hui nous y voyons avec un vif plaisir le ruban de la Légion d'Honneur.

M. Charles Folque de Possollo a le regard vif et plein de bienveillance, les manières simples et affables. Il est là regardant le fleuve, lui tâtant pour ainsi dire le pouls, car il voudrait partir pour se rendre aux brillantes régates de Nice. Mais fort de sa longue expérience, le capitaine de Brion, qui n'a pas froid aux yeux pourtant, déclare que l'état de la mer n'est pas tenable, qu'il y a péril évident.

Il faut attendre.

M. de Possollo nous fait l'honneur de nous guider dans la visite au yacht royal, *le Sirius*. Quelle construction élégante et fine, et que les deux cents années qui se sont écoulées depuis son lancement à l'eau ont passé légères sur sa coque. Les dorures ont des reflets mâts comme si l'eau salée en avait bruni les arêtes, la poupe a de charmantes sculptures, des peintures fraîches. Et comme cela doit voler sur l'eau, enlevé par les bras d'un double rang de quarante rameurs.

Voici un délicieux réduit, avec ses courtines de velours, ses balcons aériens, où sans doute, en des nuits sereines, se sont échangés de doux propos, de tendres confidences.

Et quel coquet mobilier pour ce yacht tout de grâce! Etendard aux armes royales brodées en or et émaux, en ronde-bosse, à double face; pliants et sièges à la couronne fermée, porcelaines blasonnées.

Voilà les costumes de l'équipage, coiffure des matelots ornée d'une masse d'argent où se détachent les armes royales, vestes et fustanelles de drap rouge aux galons d'or.

Ce sont là, de ces choses que le commun des

touristes ne voit point mais qui nous ont été préparées avec sollicitude.

Nous allons ensuite visiter un des deux jardins publics, celui de *l'Estrella* ou de l'Etoile. On y jouit d'une très belle vue, et la végétation dans un mois y sera magnifique. Malheureusement il est encore un peu tôt pour bien l'apprécier et les chemins détrempés par les pluies de ces deux jours n'engagent pas à la promenade.

En face de ce jardin une fort belle église, sous l'invocation du Sacré-Cœur, dépendant de l'ancien couvent des Carmélites.

C'est une construction de marbre, d'une très grande hauteur comme voûte et dont la coupole médiane s'enfuit en montant vers le ciel. Dans le chœur un superbe mausolée renferme le corps d'une certaine Dona Maria, qui fut la bienfaitrice du couvent ce qui lui compta sans doute comme atténuation de ses nombreuses aventures. Un tableau dans l'église offre son portrait et vraiment la dame était de bonne vue. Elle partage son tombeau avec son confesseur à droite; à gauche deux urnes, une pour son cœur, l'autre pour les entrailles. A la rigueur on comprend ce morcellement d'un corps lorsqu'il s'agit d'envoyer à diverses localités, cette sorte de reliques. Mais quel est l'avantage ici où urnes et mausolée sont juxta-posés ?

Il nous restait une visite à faire, c'était à

l'ambassade française, chez M. Paul de Laboulaye qui, dès avant notre arrivée, nous avait invités à dîner pour le lendemain lundi. Je me réserve de parler de M. de Laboulaye après la réception dont il a bien voulu nous honorer.

Nous rentrons chez François Lallemant où nous trouvons M. de Brion, son fils, un beau garçon, tout brillant dans son uniforme de lieutenant de marine dont les galons sont battant neufs. Nous y faisons connaissance avec un autre ami de François, M. Eduardo Teixeira de Sampayo, premier secrétaire de légation, qui a servi son pays en Suède, au Brésil, en Espagne, à Londres, et qui tient de la munificence de dix souverains des décorations qui témoignent de son mérite.

On voit que notre compatriote a su se faire une place honorable dans l'estime de ses concitoyens d'adoption. Qu'on ne se méprenne pas sur ces expressions, concitoyens d'adoption. François Lallemant est resté français de cœur et d'affections vives ; Madame François Lallemant n'a pas oublié qu'elle est avant tout parisienne ; leur fils, le *pequenino* François est élevé dans ces mêmes idées et toute la famille compte aux premiers rangs dans la colonie française de Lisbonne.

Une autre personne mérite une mention spéciale dès maintenant, c'est presque un membre de la famille. Madame Maria Cadet, un peu française, un peu italienne, un peu portugaise, à raison de la nationalité de ses parents et du lieu de sa naissance, s'occupe avec Madame François Lallemant de la librairie qui possède un bon choix des meilleurs livres, constamment alimentée par les nouvelles publications de Paris ; c'est la vraie librairie française de Lisbonne.

Madame Cadet est pour ainsi dire la mère adoptive du petit François. C'est elle qui a pour lui inventé ces délicieux petits récits qui ont été imprimés sous le titre de *Flores da Infancia*. C'est ainsi qu'elle berçait l'enfant en attendant que le sommeil vînt clore sa paupière.

Nous passons dans la salle à manger.... Mais non, c'est un jardin d'hiver. Aux murs, sur la table des guirlandes de fleurs, des bouquets dans les verres, les parfums de la violette. — « Vous aimez les fleurs, me dit avec une grâce parfaite, notre aimable hôtesse, l'auteur de cet Eden, on a tâché de vous plaire. »

Mais personne ne prend place, chacun reste debout, le cœur haletant, l'attention surexcitée. Dans une petite allocution pleine de sentiment, le patron remet à son ancien apprenti, devenu maître à son tour, la médaille d'honneur que lui a décernée la Société de sa ville natale.

François, non moins ému que M. D.... exprime sa reconnaissance.

Un éloge très délicat et très mérité est adressé à Madame Lallemant par M. D...., qui sait quelle part l'épouse a prise dans l'œuvre du mari. Quelques larmes se glissent doucement dans les paupières, on s'embrasse et.....

Heureusement le potage fume et dans ses buées bleuâtres on cache la dernière émotion.

Après le dîner fort gai, la conversation remplit le reste de la soirée, et ainsi finit notre second jour à Lisbonne.

LISBONNE.

16 février.

Le ciel n'est pas plus beau qu'hier. La tempête continue. Cette nuit nous avons entendu le canon d'alarme et les nouvelles du matin nous annoncent un sinistre à l'entrée même de la rade. Un navire a sombré, brisé sur la côte ; neuf victimes !

Le vent est encore dans toute sa violence. De l'hôtel, je vois les vagues du Tage se soulever, bondir, s'émietter en poussière liquide sur le quai, à soixante pas de distance ; les rafales font trembler les étages élevés. Je ne sors pas moins pour promener aux environs. Mais, décidément, la place n'est pas tenable.

Malgré tout, notre ami F. Lallemant arrivait nous prendre à onze heures. Nous nous dirigeâmes vers le jardin botanique. On m'en avait dit merveille, c'est pour cela sans doute que ma désillusion a été grande. Trois serres sont peu garnies et rien de ce qui y est ne pique ma curiosité. Les plates-bandes du plein air sont pauvres ; seule une allée d'arbres fleuris, dont j'ignore le nom, dit quelque chose. Mieux vaut plonger les regards dans les jardins d'en dessous, jardins particuliers que rehaussent les arbres aux pommes d'or.

Du reste, la pluie ne nous permet guère la promenade, nous nous réfugions aux bâtiments de l'Observatoire voisin, guidés par un jeune botaniste parisien qui, j'en suis sûr, transformera le jardin à la direction duquel il a été récemment appelé.

M. le Directeur de l'Observatoire nous reçoit avec beaucoup d'aménité. Il nous fait inspecter les appareils ingénieux destinés à constater, à mesurer, à tracer sur le papier les phénomènes naturels sans cesse changeants : Force du vent, sa direction, la dépression barométrique, l'élévation du thermomètre. Et par cette matinée de tempête comme les crayons s'en donnaient à cœur-joie de monter, de descendre, de décrire les oscillations.

On ne saurait trop admirer ce perfèctionnement des études astronomiques et les avantages immenses qu'en retirent les marins, les navigateurs, les hommes de science pour la prévision du temps et les mesures de précaution qu'ils commandent.

Nous descendons pour parcourir les salles immenses du Cabinet d'histoire naturelle très riche dans toutes ses branches, depuis les collections de géologie jusqu'à celles des êtres supérieurs.

D'autres visites nous appellent, entr'autres celle de l'église dédiée à *S. Roque* qui regorge de richesses.

C'est là que se trouve la célèbre chapelle royale pontificale, exécutée à Rome par ordre du roi D. Jean V, en 1744, montée dans la basilique de Saint-Pierre, bénite par Benoît XIV qui y dit la messe, puis démontée et transportée à Lisbonne deux ans après.

Cette chapelle est fermée d'ordinaire au moyen de rideaux ; une pièce de monnaie la fait ouvrir.

Les murs sont revêtus des marbres les plus rares, les colonnes sont d'albâtre, de granit d'Egypte, de violet antique, de vert antique, de marbre de Rome, de porphyre, de jaune antique ; les colonnes qui forment le soubassement de l'autel sont d'améthyste et celles qui supportent le fronton, au nombre de huit, sont de lapis-lazuli.

Le pavé de la chapelle est une superbe mosaïque dont le milieu figure le globe terrestre. Les lambris sont de marbre de Carrare.

Deux énormes torchères en bronze doré et

une lampe monumentale de même composition de métal forment le mobilier.

Mais le plus curieux de cette chapelle consiste dans les trois tableaux exécutés en mosaïque et qui décorent le fond de l'autel et les deux côtés. Les reproductions les plus méritantes de nos célèbres Gobelins de France n'ont pas plus d'illusions pour l'œil du spectateur. Le tableau du fond reproduit *le Baptême du Christ*, d'après Michel Ange, ceux des côtés *l'Annonciation* de Guido Reni et *la Pentecôte* de Raphaël.

Cette œuvre des plus habiles artistes de l'époque et du genre a demandé quinze ans de travail. Elle est d'un fini admirable ; l'eau du Jourdain a une merveilleuse transparence, on voit les pieds du Christ dans le lit du fleuve.

Avant de rentrer à l'hôtel nous faisons une visite chez l'orfèvre où l'on achète les souvenirs en filigrane destinés à dire au retour à ceux qui ont gardé le logis : Nous avons pensé à vous !

Mais l'heure s'avance et c'est aujourd'hui que nous nous rendons, avec François Lallemant et son ami le capitaine Henri de Brion, chez le Ministre plénipotentiaire de France, nous mettons l'habit noir et la cravate blanche, car nulle part le français n'a le droit de ne pas faire toilette pour les dames.

Monsieur Paul de Laboulaye, porte un nom qui a son illustration dans la littérature et dans la politique, son père occupe un siège au Sénat et les gourmets de livres bien écrits, ingénieusement pensés ont lu avec intérêt ses ouvrages.

Qui n'a relu : *Paris en Amérique*, *Le prince Caniche*, *Les Contes bleus*; pour ne pas citer davantage.

Nous étions douze convives; parmi eux un jeune peintre lillois, M. G.... qui attend pour faire un portrait princier.

Il nous manquait Carolus Duran qui ne devait venir que trois mois plus tard.

M. D.... était à la droite de Madame P. de Laboulaye une femme d'esprit, une vraie parisienne, exilée au bout du continent européen, mais non au bout du monde, comme vous l'avez écrit, mon cher V.... et comme me le fait agréablement remarquer mon aimable interlocutrice.

En raison de cet éloignement de la mère-patrie, Madame de Laboulaye est particulièrement heureuse quand l'occasion lui est donnée de voir et de recevoir des compatriotes.

Oui, des compatriotes ; outre que Paris et Lille ne sont pas bien distants entre eux, les deux époux ont d'assez nombreuses connaissances dans notre Nord et bien des noms lillois ont passé dans ces heures trop courtes d'une agréable conversation.

François Lallemant et moi, nous étions placés près de M. de Laboulaye qui est un causeur érudit et fin, avec le trait vif et spirituel, tout juste assez mordant pour ne pas aller jusqu'à la méchanceté.

Les deux époux ont les façons les plus cordiales unies à un grand savoir-vivre.

Le dîner était bien français par le service, les mets, la douce gaîté.

Les bâtiments de l'Ambassade occupent le palais du duc d'Abrantès et sont d'une magnificence de haut goût. Les appartements du rez-de-chaussée ont sept mètres d'élévation. Après un salon d'attente vient le grand salon dont les murs sont tapissés de portraits des aïeux du duc.

Le fumoir a une décoration fort originale, la voûte dans cette forme demi-sphérique, que les Espagnols nomment demi-orange — *media naranja* — disparaît sous une profusion de faïences, assiettes, plats, tasses, habilement groupés.

Le temps pluvieux et surtout venteux ne nous a pas permis de visiter les jardins ; j'en ai eu quelque regret, car on les dit fort beaux.

Demain sera notre dernier jour à Lisbonne. Quel sera-t-il ?

LISBONNE.

17 février.

Le ciel y met de l'obstination, la tempête continue, pas moyen de faire l'excursion projetée à *Cintra*. Nous le regrettons, car de partout on nous a bien recommandé cette visite.

Notre vieux loup de mer, G. de la Landelle a pris soin de m'en écrire tout spécialement. Byron a chanté *Cintra* qu'il appelle « un glorieux Eden. » On trouve, réunis dans ce paradis, la montagne, le climat le plus ravissant du monde, la végétation de Nice avec quelque chose de plus riche peut-être encore et de plus luxuriant; de merveilleuses villas que domine le château de Penha, construit et habité par le Roi D. Fernando, père du roi actuel. *Cintra* est en Portugal ce que Grenade est en Espagne, l'oasis fraîche et fleurie où le soleil n'est jamais un hôte incommode.

J'avais lu également avant le départ de Lille

l'intéressante notice que les frères Lallemant ont publiée sur *Mafra* et *Cintra*. Aussi avais-je gros cœur à penser que nous ne verrions pas ces merveilles ; je gardai mon chagrin pour moi ne voulant pas l'imposer au Maître.

Pour remplir la journée, on nous a préparé une excursion à quelques kilomètres de la ville. Deux berlines sont commandées pour dix heures. En attendant leur venue et fatigué de regarder l'eau chassée par le vent et faisant son entrée dans le salon de l'Hôtel Central par les châssis des fenêtres, je cherche dans les journaux des détails sur un fait-divers bien nature, bien couleur locale et dont on nous avait parlé la veille à l'Ambassade.

Entre Alcazar de San Juan et Argamasilla, station isolée sur la ligne d'Andalousie, une troupe de bandits avait concerté une attaque contre le train de Madrid. Ce train portait au trésor royal quarante mille pesetas, ou francs. C'était une aubaine ! Les brigands enlèvent quatre rails et attendent l'arrivée.

Prévenu peut-être, ou méfiant, le mécanicien avait ralenti et le déraillement put être évité. Alors, commence une fusillade des larrons, à laquelle répondent le maréchal Serrano, un lieutenant de la Garde-Civile et quatre de ses soldats, qui escortaient le train. Les bandits finissent par se sauver.

J'ai déjà parlé de cette milice, compagne fidèle des trains. On pourrait supposer que les fonctions des garde-civile consistent à veiller à la sécurité des voyageurs en les protégeant contre les brigands ; cependant on assure qu'ils veillent au moins autant à la sécurité des bagages, qui auraient maille à partir avec les employés mêmes de l'administration. C'est, paraît-il, un peu vraisemblable.

Quoi qu'il en soit, dans l'affaire d'Argamasilla le lieutenant a été promu capitaine et les quatre garde-civile ont reçu chacun une médaille qui comporte une pension journalière et viagère de trente-cinq centimes. Pour des Espagnols, voilà la vie assurée. Quant aux brigands, ils ont été saisis plus tard et des condamnations très sévères les ont frappés.

Argamasilla était déjà célèbre, grâce à Cervantes qui y fit vivre et mourir le bon chevalier Don Quichotte. Ce fut en cette même ville, détenu dans une maison par des débiteurs irascibles, que l'illustre romancier écrivit les premiers chapitres de son œuvre humoristique.

Mais, revenons au Portugal, où de pareilles aventures ne sont pas de mise et où nous n'avons pas vu le moindre gendarme. Les voitures nous attendent devant l'hôtel.

Avant de partir pour *Lumiar*, nous allons visiter le castel *S. Jorge ;* de la plate-forme de cette remarquable forteresse, on distingue le Tage dans toute sa largeur, on aperçoit son embouchure entière ; vers la droite, à une distance d'environ quatre kilomètres, le palais d'*Ajuda* (résidence royale), à gauche, de l'autre côté du Tage, *Cacilhas* et le fort d'*Almada*. C'est vraiment un des points de vue les plus remarquables. — Le temps nous presse, nous partons pour *Lumiar*.

Nous traversons des campagnes riantes et bientôt nous entrons dans une sorte de Bois-de-Boulogne, *Campo Grande*, où je remarque des arbres d'une végétation toute nouvelle pour nos regards. C'est un lieu de promenade pour la population Lisbonnienne durant la belle saison.

Notre première visite est au charmant châlet *Juliette*, nous sommes chez Madame Julie Cordeiro, marraine du jeune François. Aimable surprise, c'est une française, une dame de Rouen, qui a épousé un portugais, M. Antonio Cordeiro, lequel a créé à Lisbonne une importante fabrique de soieries. Nous admirons, dans l'ameublement du châlet, de magnifiques étoffes en damas de soie, et d'autres produits de son établissement. Retenu par ses affaires, le mari ne nous rejoindra que plus tard. En attendant nous déjeûnons à la légère et comme le temps est devenu meilleur, nous allons au voisinage faire une autre visite.

On aurait dû nous prévenir, mais François Lallemant nous avait réservé la surprise, car c'est un très curieux musée qu'on nous ouvre et le digne propriétaire, M. Antonio Maria Fidié a bien le droit d'en être fier.

M. Fidié suivit la carrière militaire, dans sa jeunesse, et il avait commencé un brillant chemin lorsque le sort des armes trahit D. Miguel. Fidèle à sa cause, M. Fidié donna sa démission, suspendit ses armes au-dessous du portrait de son roi en face duquel il plaça le sien et commença dans sa propriété de *Lumiar* une vie d'archéologue en quête de précieux souvenirs du passé.

Nous avons vu chez lui des salons d'une richesse inouïe en trésors artistiques, tout cela disposé comme le sait faire un homme de goût et avec un art de symétrie qui a un piquant auquel ne saurait atteindre le rangement méthodique *secundum artem*.

Vases, porcelaines, émaux, ivoires sont là à profusion, puis des peintures dont je ne citerai qu'une.

C'est un triptyque dont le panneau du milieu représente la plantation du Calvaire, le panneau de droite est occupé par une Descente de Croix et celui de gauche par l'épisode de la Passion où figure Sainte-Véronique.

Outre la valeur artistique de la peinture, il

est un détail qui donne à ce triptyque un prix particulier, c'est qu'il est de la main d'Erasme. Et comme je m'étonnais que l'écrivain si connu par ses œuvres de science littéraire profonde, eût été peintre en même temps, notre aimable cicerone me fit lire un passage de Roberto d'Azeglio dans la *Reale Galleria di Torino* où l'auteur rappelant l'immense célébrité de Desiderio Erasmo dans la théologie, la philosophie, la littérature et toutes les matières l'érudition, fait remarquer que bien peu savent qu'il eut quelque renom en peinture.

Puis nous visitons les jardins, les vignes. Nous goûtons les oranges, les vins du clos. La journée s'avance. Il faut revenir à Lisbonne.

C'était le dîner d'adieu chez François Lallemant, car malgré d'aimables instances, nous devions partir le lendemain. Nous y retrouvons la famille de Brion, la famille Antonio Cordeiro, M. Eduardo Teixeira de Sampayo avec sa gracieuse épouse, Madame la Vicomtesse de Cartaxo.

La salle à manger avait conservé sa florale décoration de l'avant-veille, de nouveaux bouquets dans les verres répandaient un doux parfum, on était tout à la joie, ne voulant pas songer à la séparation prochaine.

De nouvelles allocutions furent échangées,

profondément empreintes des sentiments les plus vifs et les plus sincères.

Madame Cadet, qui sait animer la compagnie de sa verve polyglotte, adresse à M. D.... une grâcieuse pièce de vers, puis c'est mon tour d'en recevoir une, dans la langue du Cid, cette fois ; je remercie dans l'idiôme italien et nous rions et nous nous embrassons à la française.

Il est près de minuit. Nous faisons nos adieux car il ne faut pas qu'on se dérange pour nous conduire le lendemain de bonne heure à la gare. Les séparations demandent parfois à être brusquées.

Je refais ma malle. Ennuyeuse occupation en voyage ! En arrimant linge et vêtements, je songe à ces quatre jours si vîte écoulés ; je repasse en mon esprit cette aimable réception qui nous attendait partout et de tous. Je revois, comme dans un écran magique, les détails de ces cent heures, toutes remplies des souvenirs les plus divers et malgré qu'il y ait peu de temps pour le repos avant le départ, ce n'est qu'avec peine que je m'arrache à ces pensers.

Lisbonne nous a donné du Portugal une impression bien supérieure à celle que nous avait laissée notre premier séjour en Espagne. Le caractère a plus d'énergie ; les classes lettrées et policées parlent le français comme vous et moi et l'accueil le plus empressé attend nos compatriotes. N'ayant pas la morgue de l'Espagnol, le Portugais a plus de dignité. La population Lisbonnienne est plus industrieuse, plus travailleuse. Et la capitale du Portugal vaut cent fois celle de l'Espagne.

On connaît d'ailleurs le distique :

> *Quem nao a visto Lisboa*
> *Nao a visto coisa boa.*

« Qui n'a pas vu Lisbonne, n'a point vu chose bonne. »

Il y a quelque dicton de même genre pour Séville et l'on a dit aussi de Naples : *Veder Neapoli e poi morire !* Voir Naples, puis mourir !

Le délai fixé pour notre séjour, par le Maître est écoulé, presque dépassé ; nous quittons donc cette belle cité Lusitanienne en emportant le regret de n'avoir pu visiter *Mafra* et *Cintra*, d'autres endroits de plaisance tels que *Cascaes*, *Queluz* et surtout de donner notre tribut d'admiration à la magnifique église *Santa Maria de Belem*.

Si encore nous pouvions dire : Au revoir !

## EN ROUTE DE LISBONNE A BADAJOZ

18 février.

Notre dernier repas à Lisbonne est terminé. Par une sorte de prévision, j'emporte le petit pain de mon café au lait. Qui sait si nous n'en serons pas heureux?

« Allons! Voilà notre but atteint! » réfléchit tout haut mon compagnon.

Je finis la phrase mentalement : « Et maintenant, nous allons courir. »

A notre droite, le Tage. mais bientôt ce n'est plus le beau fleuve que nous avons laissé aux quais de la place du Commerce; c'est toujours une large étendue d'eau, mais le courant est là-bas à l'horizon, tandis que sur la lèvre même de la voie ce n'est qu'une sorte d'épanchement aux flots jaunes et troubles, un lac mal venu d'où émergent les têtes des oliviers, le corps étant inondé. Le Tage est débordé.

Nous arrivons à Santarem, 85 kilomètres de

Lisbonne, il est onze heures, c'est le vrai moment de déjeuner. Conservons un bon souvenir à la fonda du lieu.

Nous commençons à voir de beaux échantillons d'*Eucalyptus globulus*, ils n'ont que quelques années et déjà ils mesurent dix à douze mètres de haut. Leur écorce s'en va par longues pellicules, leurs feuilles en grandissant prennent une forme de faucille d'un effet très singulier lorsque le vent les agite.

Mais nous finissons par dépenser toutes nos admirations et l'annonce d'un buffet quelconque ferait bien mieux notre affaire.

Il n'y en a plus, au moins jusqu'à Badajoz.

*Paciencia!* C'est le grand mot à apprendre en voyageant dans la Péninsule. Né et vivant sous un ciel splendide, disposé par la nature même des choses à la sobriété, indolent avec délices, l'Espagnol s'émeut fort peu de ce qui est pour nous, Français, un vrai sujet d'ennuis, d'impatiences. Voici un gros retard, une attente prolongée.

*Paciencia!*

Mais le refrain ne nous satisfait pas et nous voudrions quelque chose de plus substantiel.

O bonheur! nous avons mon petit pain, de plus du chocolat de Mathias Lopez, le Ménier du pays, et des oranges. Quel bon petit dîner à 8 heures du soir ! un peu court peut-être. C'est salutaire pour dormir que d'avoir l'estomac peu chargé.

Aussi, allons-nous faire un beau somme.

Mais auparavant, si nous envoyions un télégramme à Badajoz pour assurer notre coucher ! Au fait, nous sommes autorisés à occuper les bâtiments de l'Administration.

C'est fort bien, mais le télégraphe n'est pas à la disposition des particuliers. — C'est affaire de service, un télégramme au *Jefe de Estacion*.

Autant parler hébreu.

Donc nous dormons, renouvelant à chaque arrêt notre demande pour le télégraphe. Même insuccès.

Enfin, nous arrivons à Badajoz. Nous allons manger, nous reposer.

Hélas !!! Pas de fonda, rien à se mettre sous la dent.

Nous pouvons du moins, demander l'entrée dans ces bâtiments si désirés et dont on nous avait gracieusement promis la jouissance.

Le chef de gare, un excellent homme et dont je retiendrai le nom, M. Feliciano Urrestarazu, appelle Antonio et lui donne ses instructions. O contre-temps funeste ! Antonio revient tout penaud, pas de clef ! Elle est dans la poche d'un administrateur en ce moment à Madrid. M. Urrestarazu se met en quatre et enfin nous procure un abri dans une posada très voisine de la station. On nous dresse deux lits dans une pièce grande comme un mouchoir. Très propre du reste, linge blanc avec garnitures en dentelle-guipure, natte par terre.

La posada nous a fourni une tasse de thé assez bon. Voilà pratiquer le carême.

Au dehors, la lune brille, la température est douce, une nuit de printemps. Le temps paraît se mettre au beau, et dans quelques heures nous repartirons en destination de Cordoue, où nous espérons arriver vendredi matin à trois heures. On voit que si nous avons de l'agrément, nous l'achetons bien un peu. Mais malgré notre âge respectable, nous avons encore quelque vigueur.

Décidément nous modifions notre itinéraire, en ce sens que nous ne reviendrons plus à Madrid, et que de Grenade nous irons à Valence et de là à Barcelone, abandonnant également Sarragosse.

BADAJOZ.

19 février, 7 h. du matin.

La nuit n'a pas été assez longue pour être bien mauvaise, à cinq heures et demie, j'ai craqué un *fosforo* et à sa lumière, j'ai aperçu le long du mur qui aurait pu être la ruelle de mon lit une magnifique araignée noire. Je ne suis pas Pélisson ; j'ai considéré un moment miss Arachné et la voyant se diriger vers mes draps, je me suis hâté d'en sortir.

Mon compagnon d'infortune maugréait bien un peu de voir troubler son sommeil. Aussi me dépêchai-je de m'habiller. Au moment de sortir, impossible de faire marcher la serrure. Et mon voisin de répéter : Dieu, que vous êtes ennuyeux ! que vous êtes ennuyeux ! heureusement, la femme de la posada me dit de lui passer la clé. Heureusement encore, je la comprends. La porte s'ouvre. Je sors.

Bonne nuit! dis-je au dormeur.

Dehors, j'aspire l'air frais comme un jeune caniche sortant de son chenil. Il faisait bien petit clair. S'avance vers moi un homme de la gare. Je le reconnais, c'est Antonio, qui la veille au soir avait pourvu à nos besoins — besoins bien sommaires — et, par ordre du chef, attendait notre réveil.

Magnifique occasion pour aller voir Badajoz.

La ville présente un aspect assez agréable, vue à cette distance de 1200 mètres. Pour y arriver, il faut passer le fleuve, *le* Guadiana. — Pourquoi à l'école nous apprend-on à dire *la* Guadiana ? tandis que l'espagnol dit le. — Or, on ne passe un tel cours d'eau qu'en bateau ou sur un pont.

Il y a bien un pont, mais en reconstruction depuis trois ans que le fleuve en avait emporté une portion un jour d'ébattement. Il n'y a rien d'aussi fantasque que ces fleuves d'Espagne. Comme disait Dumas, il y a des jours où on leur ferait charitablement l'aumône d'un verre d'eau ; et puis, soudain, sans crier gare, en quelques heures, crac ! Ils montent, ils montent et renversent tout.

Quel agrément! arriver à la gare à minuit, faire visiter ses bagages — douane d'Espagne à la sortie du Portugal, — s'en aller au bord du Guadiana — je ne sais s'il y a des véhicules —, traverser avec le bac et se mettre en quête d'un hôtel. Notre bonne étoile nous avait réservé mieux avec la modeste posada.

Donc il y a un pont, je l'ai même parcouru dans ses 525 mètres dont partie en reconstruction et je suis entré dans Badajoz par la porte de *la Trinidad*.

Antonio m'a détaillé les beautés de Badajoz, ses louanges enthousiastes n'ont pas eu le moindre écho chez moi. Industrie nulle, commerce à peu près nul, pas un monument sortable, un théâtre en construction depuis quatorze ans. Pourquoi ne l'achève-t-on pas, dira-t-on. Ecoutez la chanson : *La falta tiene el dinero*. C'est la faute de l'argent.

Après avoir parcouru les rues principales nous songeons au retour. Mais la porte de la Trinité ou plutôt la barrière de l'entrée du pont est fermée. M. le gouverneur ne veut pas qu'on passe dans les travaux. J'ai appris le moyen d'obtenir tout ce qui est défendu. Le portier n'est pas insensible à la peseta, marquée ou non.

Au retour, voici mon compagnon qui vient vers le pont. Il rebrousse chemin. Je congédie Antonio, qui va faire sa nuit. A la posada, notre hôtesse prétend qu'il ne lui est rien dû. Elle ne se fait prier que de la bonne façon pour empocher un douro (5 fr.). C'est le chef de gare qui a soldé notre dépense. Impossible de le rembourser. « La Compagnie l'a chargé de nous héberger, il n'a fait que remplir son devoir. »

Merci, toutefois.

Pour comble à son obligeance, comme nous allons voyager sur les lignes de sa Compagnie, il nous donne l'ordre dont voici la traduction :

» Le porteur du présent, M. D.... et une personne qui
» l'accompagne, sont autorisés, par ordre supérieur, à occuper
» un compartiment réservé d'ici à Belmez ; cet ordre sera
» respecté par MM. les conducteurs et contrôleurs des trains
» 1 et 42 de ce jour 19 février 1880.

» Badajoz.

» *Le Chef de station ,*

» F. URRESTARAZU. »

En route pour Cordoue.

CORDOUE.

19 février.

Ma chère C.

Nous sommes arrivés ce soir à Cordoue, à neuf heures et demie, au lieu de trois heures quarante du matin, comme nous l'indique le guide qui décidément n'a d'officiel que le nom. Un train non inscrit au livret nous a permis de ne pas attendre à Belmez jusqu'à minuit vingt-quatre et ce n'est pas dommage, car Belmez qui peut être riche en mines de houille que l'on exploite et en mines de cuivre que l'on n'exploite pas, ne présente absolument aucune ressource au voyageur.

Le peu que nous avons jusqu'ici pu entrevoir de Cordoue, au clair de la lune, nous indique une belle ville. A huit heures, demain matin, le guide viendra nous prendre. L'hôtel où nous sommes est splendide, du marbre partout, les escaliers en marbre blanc, les corridors en mosaïque, les chambres vastes et élevées. Ce que nous avons goûté de la table nous a satisfaits. C'est l'hôtel Suisse ou *fonda Suiza*, le Matossi et Colemberg du pays.

Nous allons essayer la valeur des lits.

Bonsoir.

*EL CAPITAN.*

On a de la mémoire en Espagne ; parmi vingt autres villes, Cordoue en fournit une preuve.

Vous arrivez vers neuf heures du soir à la gare de Cordoue ; le temps de vous débarrasser de la foule des mendiants, de donner des instructions pour les bagages au factotum de l'hôtel, il est neuf heures et demie quand vous vous mettez en route pédestrement pour l'hôtel.

La lune est montée au ciel, elle resplendit dans le ciel bleu noir, et lutte de scintillements avec les étoiles. Tout en conversant avec mon compagnon, sur la Grande Ourse, Orion et les Trois Rois, nous arrivons à l'entrée de la promenade, ce rendez-vous éternel de la population de toute ville d'Espagne. « L'astre des nuits — style empire — dans son paisible éclat verse ses feux » sur le *paseo*. Saluez, c'est le *paseo del Capitan*.

Nous avons passé sous l'ombre des orangers et nous allons obliquer à gauche. Stop ! Voici à l'angle, à notre droite un grand bâtiment. C'est un café, qui de ses douze fenêtres de façade nous envoie les lueurs de son gaz, le bruit des billes frappant l'une contre l'autre, les échos des conversations. Saluez encore, c'est le Café d'*el gran Capitan.*

Mais la faim nous presse de ne pas prolonger notre arrêt. Oblique à gauche, allons à l'hôtel. C'est encore la *Calle del Capitan* que nous devons prendre.

Partout et sans cesse : *El gran Capitan.*

Or, ce grand Capitaine, vous le connaissez comme nous, c'est l'illustre guerrier, Gonzalve de Cordoue, la main droite de son roi, l'épée de combat de sa reine.

Heureusement, l'*ayuntamiento* de *Cordoba* n'a pas d'Engelhard qui apporte sa petite motion pour débaptiser ces dénominations reconnaissantes.

CORDOUE.

20 février.

Mon cher P.

Les lits étaient bons, pas d'hôtes incommodes, grâce à une propreté extrême et aux couchettes en fer. De demi-heure en demi-heure, les cloches des églises, des couvents, de tous les clochers possibles sonnent, à deux minutes à peu près les unes des autres, ce qui prolonge le plaisir. Ajoutez qu'ici, l'expérience nous a donné partout en Espagne le même résultat, les cloches ont l'air d'être fêlées. Le son en est incertain, d'une sonorité confuse.

En route! voici le guide qui heurte à nos portes.

Nous nous égarons dans un labyrinthe de petites rues qui se coupent sans cesse, à droite, à gauche, évitant toujours les courants d'air et le soleil qui d'ailleurs aurait bien de la peine à envoyer ses rayons dans ces voies de 1 mètre 20 à 1 mètre 60 de large. Le milieu de « la chaussée » est pavé des cones irréguliers de marbre dont j'ai parlé déjà ; sur les côtés, il y a des dalles de 30 à 35 centimètres de large qui permettent de circuler même aux gens affligés de cors aux pieds. Ce n'est pas sans raison que je parle de cette infirmité humaine ; nous avons vu en montre au-devant de l'officine d'un pédicure des excroissances de cette nature plus larges qu'une pièce de cinq francs et épaisses à proportion. — Après tout, sur un pareil pavé !

Nos visites au télégraphe et à la poste terminées, nous nous dirigeons vers la cathédrale, *la Mezquita*, disent les espagnols, la Mosquée, un vieux souvenir. Et de fait, ce monument est un temple musulman et une église chrétienne tout ensemble. Je vais m'expliquer.

Mais auparavant, arrêtons-nous devant la porte du Pardon, l'entrée autrefois dans le *patio* ou cour qui précède la cathédrale. C'est le Jardin de l'évêque, planté d'orangers qui étonnent nos regards ; près d'eux sont des palmiers au port élancé. Sous leur ombrage, les réservoirs d'eau où viennent remplir leurs cruches les femmes cordouanes, portant leur fardeau sur la hanche à la façon antique.

C'était là que faisaient leurs ablutions les disciples de Mahomet avant d'entrer dans le temple.

Primitivement, dix-neuf portes correspondant

Cathédrale de Cordoue (*La Mezquita*)

à autant de travées donnaient accès dans l'édifice, dix ont été murées et ont reçu des chapelles à l'intérieur. On entre par celle qui fait face à la porte du Pardon.

Le regard s'arrête surpris en pénétrant dans le lieu consacré, c'est une forêt de plusieurs centaines de colonnes, des matériaux les plus riches, marbres, jaspes, porphyres, granites, formant dix-neuf allées d'un sens, et trente-six dans l'autre, les colonnes reliées entre elles par de doubles arcs arabes.

Cela donne un air mystérieux qui invite au recueillement. C'est ainsi qu'on se figure le temple naturel des religions primitives, sous la voûte du ciel à peine voilée d'un mince feuillage, tandis que s'élèvent du sol les troncs vigoureux, colonnes de ces sanctuaires.

Quelques vitraux coloriés tamisent un jour enluminé, tombant sur le marbre du pavement.

Attention, nous approchons de la partie centrale consacrée au culte chrétien, sous le règne de Charles-Quint par le clergé de la cathédrale ; on chante l'office. Tenons-nous respectueusement, sans tourner le dos à l'autel pour regarder, sinon un valet d'église viendra, assez sans gêne, nous rappeler à l'ordre. Cela se pratique ainsi par toute l'Espagne, où il ne faut pas badiner sur les questions de forme dans les églises.

Par cette partie centrale qui dessine une croix

grecque, l'édifice est une église chrétienne ; par cette forêt de colonnes qui occupe la plus grande partie de la construction, c'est une mosquée.

La portion chrétienne est dans un très bon style gothique, assurément ; mais elle jure dans l'œuvre d'Abdérame. On a gâté celle-ci et on a mis celle-là hors de sa place. Théophile Gauthier appelle la bâtisse nouvelle une verrue architecturale. Le mot est dur, mais ne manque pas de vérité.

Charles-Quint n'a-t-il pas dit aussi aux chanoines mal-avisés : Vous avez détruit ce que l'on ne voit nulle part pour bâtir une chose que l'on voit partout.

Toutefois, le chœur est digne d'admiration, cent vingt stalles sont d'un très beau travail de sculpture ; un immense lampadaire de trois à quatre mètres de pourtour, en argent et or massif, est orné de la façon la plus délicatement fouillée. Cela remplace les 7,000 lampes, 10,000, disent d'autres auteurs, qui brûlaient dans l'ancienne mosquée pour 24,000 francs d'huile par an.

Le maître-autel mérite aussi un examen détaillé.

Je ne saurais passer sous silence une coutume de bien mauvais goût et que nous avons trouvée par toute l'Espagne, c'est le réalisme outré des bas-reliefs. Un Christ sera habillé d'un jupon de soie brodé, le chef orné de cheveux naturels. Il en est un à Burgos qu'on a même recouvert d'une peau humaine tannée, pour plus de vérité ; les *Ecce-Homo* ont les membres couleur de chair, avec sang coagulé, l'Enfant-Jésus a une robe de satin gonflée par une crinoline. Ces préparations « anatomiques » si peu convenables pour nos goûts font les délices des fidèles espagnols.

Le guide attira surtout notre attention sur un petit réduit nommé le *Mihrab*. C'est une sorte de sanctuaire où était déposé le Koran. C'est là que venaient les croyants pour remplacer le pèlerinage de la Mecque qu'ils étaient, par une cause quelconque, empêchés de faire réellement. Douze fois, à genoux sur le marbre, ils faisaient le tour de l'oratoire et une dépression circulaire témoigne de l'usure amenée par ce pieux exercice.

Impossible de décrire avec la parole le fini du travail qui a couvert les murs de textes arabes, en relief doré. Naturellement, ce petit coin coûte à lui seul une piécette aux visiteurs.

Une piécette encore pour la chapelle royale.

A une autre extrémité, une colonne de porphyre a sa légende. On y voit, à hauteur de main, une gravure en creux, représentant un Christ, forme byzantine et d'un certain cachet.

Ce Christ est l'œuvre d'un esclave chrétien, qui fut de longues années attaché à la colonne et eut chaque jour à subir les sollicitations des Mahométans qui voulaient lui faire renier sa foi.

Mais lui, récitant ses actes en Jésus crucifié, en traçait l'image sur la pierre dure avec ses ongles et confessait ainsi sa croyance.

Plus loin, on nous montre une colonne portant également une sorte de gravure en creux d'une tête de Christ. De plus, on voit là les ferrures des anneaux de fer qui retenaient les malheureux captifs.

Près de la Cathédrale nous montâmes au *Triunfo*, espèce de terrasse sur laquelle s'élève une colonne sans grand caractère, surmontée d'une statue de Saint-Raphael, le patron de la Cité. Un pauvre diable grattait les interstices de la mosaïque de concassures de marbre pour en arracher les géraniums de terre et autres herbicules qui témoignaient que la foule ne fréquentait guère le *Triunfo*.

De là nous vîmes un pont antique, sous lequel le Guadalquivir coule assez tristement. Vers le milieu du fleuve, qui n'a pas l'air de regorger d'eau, on voit trois moulins arabes ; lors des grandes pluies, les meules sont envahies et le meunier attend que le niveau baisse pour moudre son grain ; c'est un pitoyable aspect et mieux vaut notre moulin des faubourgs de Lille ou nos beaux moulins hydrauliques.

Mais le soleil pique raide, l'heure du déjeuner sonne à nos estomacs ; par les rues si proprettes nous revenons à l'hôtel.

HASARDS DE VOYAGE.

Parmi les inattendus du voyage, il faut compter les rencontres et aussi les connaissances faites. Ainsi le baron S... à Bordeaux ; MM. S... de F... et C..., à Madrid ; un incident plus singulier m'attendait à Cordoue.

En raison de la belle, mais chaude température, nous avions décidé une promenade à la Montagne. « Vous trouverez des voitures dans l'hôtel, » nous dit le guide.

En effet, il y avait une belle calèche. Mais elle était remise à neuf, revernie, on ne pouvait exposer ainsi sa robe toute fraîche. On nous propose un break, 4 francs l'heure, plus les guides. Adopté.

Mais que faire d'un break à huit places pour trois personnes ?

Au déjeuner, j'avais lié conversation avec un

couple, en voyage de noces, et qui était d'excellente compagnie. M. D.... eut une idée. Et pendant que remontés dans nos appartements, nous nous préparions à la promenade : « Si nous offrions à nos voisins — nous étions porte à porte — deux places dans notre équipage ! »

Sitôt dit, sitôt fait, accepté tout simplement, comme c'était offert. Fouette cocher !

Nous voilà partis à la Montagne. En route, nous nous arrêtons dans un jardin d'orangers. Le guide choisit des oranges et, des aigres, nous fait passer aux plus sucrées. Pendant ce temps, je vois la jeune dame qui recueille des fleurs, elle herborise et paraît s'y entendre fort bien. Nous causons botanique.

N'était-ce pas sous ce ciel de Cordoue qu'était née cette science si attrayante et qui fournit un ample tribut à la médecine que pratiquaient les arabes en même temps que les arts et les lettres, tandis que l'Europe était encore couverte de ténèbres ? Au $VIII^e$ siècle, la ville d'Abdérame-le-Grand, était la rivale de Bagdad ; elle était le centre d'une civilisation ingénieuse et brillante, le foyer des études scientifiques. Sa bibliothèque était dès lors si considérable que, seul, le catalogue formait un ensemble de quarante-quatre volumes. Ce fut là que naquirent les deux Sénèque, le poëte Lucain.

Soudain, grâce à la bonne habitude de M. D....

de sans cesse répéter mon nom, le jeune mari me dit : « Mais, Monsieur, j'ai connu au camp d'Avor un jeune militaire qui porte votre nom.
— C'est mon fils. »

Nous voilà donc en pays de connaissance. On s'interroge et bien mieux, mon interlocuteur connaît Saint-Germer et Saint-Lucien et tous ces braves ecclésiastiques que nous avons visités dernièrement ensemble, ma chère C... Les de M..., mes anciens copains, sont presque les parents de sa femme. Nous échangeons nos cartes et j'apprends que je suis avec M. le vicomte Olivier de B...., dont le père habita Lille quelque temps.

Malheureusement, le lendemain nous devions nous séparer, eux s'en allant à Grenade, nous allant à Séville.

De la Montagne, le paysage est charmant. Mais si l'on regarde du côté de Cordoue on se demande où s'est écroulée la plus grande partie de cette cité, qui comptait autrefois, selon quelques auteurs, un million d'habitants et qui n'en a plus aujourd'hui la vingtième partie.

Les maures chassés, adieu les travaux agricoles, l'industrie, les études qui avaient fait la fortune et la richesse de ces villes assises dans un terrain béni du ciel, aux terres fécondes pour peu qu'on les veuille cultiver. Indolents par nature, sans besoins coûteux, les Espagnols se laissent vivre n'ayant d'autre préoccupation que de se garder de la fatigue du travail. Puis la routine, puis les vexations que sait inventer l'Administration pour empêcher, on le croirait, tout développement, tout progrès.

Des ingénieurs, étrangers bien entendu, proposent à la municipalité d'établir un système de conduite d'eau à Cordoue, sans qu'il en coûte rien à la ville. Seulement, on donnera aux constructeurs le privilège pour une redevance à réclamer des consommateurs.

La municipalité refuse, « on n'a jamais fait ça. »

« Quelle est cette manufacture ? » demandons-nous au guide en lui indiquant une grande cheminée dans la plaine.

Il nous apprend que c'est un établissement appartenant au Consul anglais et qu'on y traite le minerai de plomb. Et comme on s'était aperçu que ce plomb contenait une bonne proportion d'argent, on avait monté des ateliers d'affinage.

Que fait le gouvernement ? Il frappe la fabrication d'un impôt énorme, il n'y avait plus que des pertes. L'industriel cesse l'affinage, congédie ses ouvriers, ce qui cause une quasi-émeute à Cordoue et expédie désormais son plomb brut en Angleterre.

Quelle raison à tout cela ? *Cosas de España !* nous crie d'un bout de la table, le soir à souper, un ingénieur français. Et il ajoute : « En Espagne,

» prenez le contre-pied de ce qui serait raison-
» nable, logique, et vous serez dans le vrai. »

J'embrasse d'un dernier regard ce vaste panorama, cherchant vainement où s'en sont allés ces trois cents mosquées, ces six cents caravansérails qui suffisaient à peine à abriter les nombreux visiteurs, attirés par les merveilles de la capitale d'Abdérame. Le khalife était entouré d'une garde de douze mille cavaliers; son palais était habité par six cents sultanes. Abdérame pour plaire à sa favorite Zehra avait prodigué soixante-quinze millions à le construire.

Où sont les restes de ces splendeurs? Là-bas, au loin, près du *Triunfo* où nous sommes montés ce matin, voilà ce qui reste de ce splendide Alcazar, deux ou trois tours carrées, crenelées, qui servent de prison.

A côté, le Séminaire.

Contrastes des temps et des choses.

Nous retournons à la ville. Au faubourg, les bons habitants sont venus « prendre le soleil », *tomar el sol*. A quatre heures, nous n'avons pas plus de vingt degrés. « Ah! dit notre guide, dans trois mois, nous en aurons trente-deux à l'ombre, sur le marbre rafraîchi à grande eau de la cour de l'hôtel Suizo. Ces jours-là, j'aime mieux perdre ma journée et rester en repos que de guider les touristes et risquer une insolation. »

CORDOUE.

21 février.

Nous quitterons Cordoue à deux heures. Profitons de nos loisirs du matin pour revoir encore la cathédrale. On ne s'en lasse point. On se plaît à errer sous ces trente nefs basses, aux plafonds de bois précieux, portant encore des traces d'ornements et de dorures.

Au retour à l'hôtel, nous saisissons un trait de mœurs locales.

On se figure volontiers l'espagnol orgueilleux et si le touriste parle de la plaie de la mendicité que l'on rencontre partout, l'auditeur s'imagine que cette dégradation n'appartient qu'à la dernière classe. Erreur.

Partis sans guide, nous avions fini par nous égarer. Naturellement, nous avions, M. D.... et moi, chacun notre idée sur le chemin à suivre, mais sans réussir mieux l'un que l'autre. Le seul parti à prendre était de demander des renseignements.

Passe un homme de vingt-cinq à vingt-huit ans, manteau espagnol, casquette plate, bleu-de-roi avec un insigne quelconque au-dessus de la visière. Je lui demande le chemin. Le voilà qui nous sert de guide. Je le prie de ne pas se déranger. Sans rien répondre, il continue de nous conduire.

Qu'en ferons-nous? pensais-je. Le remercier tout simplement, c'est un peu sec. Lui offrir une piécette, c'est offenser peut-être un employé d'administration. Dame! Je songeais à la casquette. Toutefois un détail du costume m'enhardit à donner un pour-boire. La doublure du manteau était fort belle, j'en conviens, on la change deux fois par an, mais l'étoffe elle-même était devenue une étamine, accusant de longs services, sans doute, mais aussi une fort modeste aisance chez son propriétaire. Je tendis un medio (cinquante centimes), il fut pris avec gratitude. — Tous les mendiants ne sont pas absolument déguenillés.

« Orgueil étrange, s'écrie un moraliste, et d'une nature à part. Un Espagnol rougira de travailler, il ne rougira point de mendier. En sa qualité de hidalgo, il est trop bien né pour rien faire, mais il ne croira pas s'humilier en acceptant une aumône.... Tous les Espagnols sont nobles et vivent noblement, c'est-à-dire sans rien faire ; mais tous sont gueux ou en train de le devenir. Rien de ce qui s'est fait depuis cinquante ans, en Espagne, de grands travaux, de grandes entreprises, d'importantes améliorations, ne s'est fait que par l'initiative, les efforts et les capitaux des étrangers. L'amour-propre national en souffre ; mais la paresse et l'orgueil individuel l'emportent. »

Nous allons nous mettre en route pour Séville, toutefois ce n'est point adieu que nous disons à Cordoue, mais au revoir. Nous avons été charmés de cette première connaissance faite avec l'Espagne, Madrid ne compte pas.

Sans doute, quand on évoque son passé, Cordoue est une ville morte, mais elle a gardé l'empreinte de son antique civilisation. Ses maisons blanches ont le caractère mauresque ; percées de rares et petites ouvertures sur la rue, elles ont à l'intérieur une cour plus ou moins ornée. Les rues étroites sont orientées de façon à défier les deux ennemis : le soleil trop ardent, les souffles glacés des vents descendus des montagnes. Ces rues où ne passent jamais de voitures, mais seulement les mules caparaçonnées des garçons boulangers, sont d'une ravissante propreté.

Au revoir, ville d'Abdérame, au revoir ville d'*el Gran Capitan*.

SÉVILLE.

21 février.

Mon cher E.

*Quien no ha visto à Sevilla,*
*No ha visto à maravilla !*

« Qui n'a pas vu Séville n'a pas vu de merveille ! »

Un voyageur modifie légèrement la traduction : « Qui n'a pas vu Séville n'a pas vu une merveille ! » Le proverbe castillan est sans doute un peu emphatique, et toutefois je ne sais s'il n'a pas autant de vérité que de *pomposité*.

Ceci est véritablement une grande ville, une ville coquette, sémillante, avec de larges places, de beaux monuments, de vastes cafés, des plaisirs de tous genres, des promenades, un ciel radieux, de jolies filles. Par exemple autant de mendiants que dans toute autre ville d'Espagne.

Encore une fois, pourquoi Séville n'est-elle pas la capitale du royaume ? Elle le mérite cent fois mieux que Madrid.

Je n'avais jusqu'ici pas compris l'insistance du

gabelou qui à notre arrivée à Madrid mettait tant de persistance à vouloir visiter nos caisses. Séville devait m'éclairer.

Mon compagnon, qui a dû être mordu de quelque tarentule tant les pieds lui démangent de marcher, n'attend pas l'omnibus de l'hôtel. Il se fait indiquer la route : « tout droit d'abord, puis la rue *San Pablo*, la place de la Madeleine, vous y êtes. »

Je reste aux bagages. « On va faire la visite, me dit le guide interprète de l'hôtel.

— Eh bien ! mais je n'ai pas les clefs de la caisse de mon compagnon.

— Inutile ! reprend le guide, donnez-moi une piécette. »

Alors, tenant la monnaie délicatement au bout des doigts, il passe la main derrière son dos tandis que non moins délicatement s'ouvre juste à portée la main du douanier et...... la visite est terminée.

On s'instruit en voyage.

Du reste, il faut être absolument neuf dans le pays pour ignorer que le douanier, mal payé, mal nourri, attend ces bonne-main comme le meilleur de son revenu.

Au fait, je me demande quelle contrebande on pourrait bien tenter au cœur de l'Andalousie.

L'hôtel où nous sommes descendus, *Fonda de Madrid*, est en réparations, il fait peau neuve pour la semaine Sainte. Car la semaine Sainte est une immense solennité dans la vieille cathédrale, on y vient de tous les coins de l'Andalousie et le touriste qui arrive à Séville durant le carême et part sans attendre la semaine Sainte est considéré comme le plus indifférent des indifférents. Il est vrai qu'en ces jours consacrés la vie triple de prix aussi bien chez les particuliers que dans les hôtels.

Malgré tout, la Fonda de Madrid a grand air, avec sa cour intérieure toute verdoyante, avec ses immenses corridors où l'on trouve à volonté l'ombre et le soleil, avec ses appartements de famille, comprenant salon, salle à manger, chambres, etc.

Notre installation est promptement faite et bientôt nous allons courir les rues.

Autant Cordoue nous avait semblé triste et déserte, autant Séville nous apparaît gaie et vivante. Ses maisons ont des aspects riants, les façades soigneusement repeintes chaque année en couleurs tendres, rose, gris-perle, avec les balcons verts, les *miradores* aux tentures bariolées et ornés de pots de fleurs, les rues bien dallées sur lesquelles sont ouvertes tout le jour les portes extérieures des habitations, tout cela respire le plaisir.

La plupart des maisons possèdent un *patio*, c'est-à-dire une cour intérieure tout autour de laquelle circule une sorte de cloître, dont la voûte forme à l'étage le corridor de la maison. Le milieu du patio a un petit jet d'eau entouré de *musa*, de palmiers nains; le soir une lampe vient y jeter ses feux plus ou moins vifs et de la rue on entend les sons du piano et de l'inévitable guitare. Le patio est fermé d'un côté d'une grille en fer dans les arabesques de laquelle s'est jouée l'imagination de l'artiste ouvrier qui l'a forgée. Cette grille donne là une espèce d'antichambre ouvrant sur la rue.

Nous n'avons pas trouvé « l'arcade où l'on voit » écrit sur un tableau le nom fameux de » Figaro », *Numero quindici a mano manca;* nous n'avons pas aperçu le chef de Bazile, ni rencontré Bartholo cherchant la chanson; mais les Rosine sont nombreuses et elles ont des yeux magnifiquement ouverts et brillants comme des escarboucles.

Notre première visite fut pour la maison de Pilate. Ce n'est pas que le gouverneur romain en Judée soit venu habiter Séville, mais par un caprice dont j'ignore la cause on a voulu reproduire l'habitation de Pilate à Jérusalem; on y trouve le prétoire dans une belle salle dont le plafond lambrissé reproduit sur des écussons les armes du marquis de Tarifa, une petite pièce voisine est le cabinet de Pilate; dans le magnifique escalier du palais, voici sous un grillage le

Porte d'une maison de Séville.

lieu où le coq chanta après le reniement de Pierre, ici est la colonne où fut attaché le Christ.

En somme, le bâtiment est fort beau, le patio est admirable par sa végétation ; poivriers au feuillage finement découpé, mélangés aux bananiers, aux orangers, aux passiflores. Les galeries du patio sont formées de vingt-quatre arcs d'une grande légèreté soutenus par des colonnes de marbre, revêtues de faïences en relief et ornées des bustes des Césars de l'antiquité. On retrouve là de nombreux débris de l'antique Italica, ancien municipe romain qui fut la patrie de Trajan, d'Adrien, de Théodose, de Silius Italicus et qui était située à peu de distance de Séville.

*La casa de Pilatos* est maintenant la propriété du duc de Medina Cœli.

Passons par la place de la Constitution — à peu près toutes les villes d'Espagne ont une place de la Constitution, quelle Constitution? Il y en a à choisir —, nous arrivons bientôt à la place *del Triunfo* sur le côté sud de laquelle se trouve l'Alcazar, la demeure des rois Maures, occupée plus tard par le roi Saint-Ferdinand, agrandie par Pierre-le-Cruel et finalement restaurée avec un goût et un soin digne d'éloges, par le duc de Montpensier, avant qu'il prît possession de son palais de San Telmo.

L'Alcazar est le monument le plus précieux

que nous ayons vu jusqu'ici, le spécimen le plus complet de l'art arabe en Espagne. Ce ne sont que dentelles de pierre et de marbre, fines arabesques sertissant des faïences vernies dont le secret de fabrication est perdu. C'est un palais de fées, dont les murs sont comme tendus de guipures de soie et d'or. Et malgré l'abondance de ces ornements, la variété et l'élégance en sont telles que cela ne fait ni surcharge ni étalage.

Le palais a été habité quelque temps par l'ex-reine d'Espagne, une portion d'ameublement en est resté. Peut-être aurait-on à critiquer un peu trop d'éclat. Serait-ce trop neuf? Et, pour avoir leur poésie, ces richesses ont-elles besoin que la main du temps en adoucisse la trop grande splendeur?

La porte principale s'ouvre dans une façade arabe couverte de feuillages et de ciselures.

Par une porte latérale, on arrive à l'entrée principale qui conduit au *patio de las Doncellas*, jardin des demoiselles. C'est là que l'on payait au khalife le tribut de la beauté en lui présentant les jeunes filles destinées à son serail. Le patio est pavé de marbre, au milieu s'élève une fontaine entourée de myrtes. La galerie qui forme les quatre côtés est soutenue par des colonnes de marbre blanc jumelées, supportant des arcades à trèfles découpées à jour, et qui sont des miracles de grâce et de légèreté.

Le salon des ambassadeurs est une merveille de richesse décorative et d'ornementation dans le style mauresque. C'est là que se voit la belle coupole, *la media naranja* (demi-orange), dont la voûte est couverte de riches soffites dorés et peinte de vives couleurs.

Dans un des salons on remarque un phénomène d'acoustique : deux interlocuteurs placés aux deux angles opposés peuvent tenir une conversation à voix tellement basse que le plus proche voisin n'en saurait percevoir une syllabe.

La main se fatigue plus vite à retracer toutes ces choses que l'œil à les admirer.

Revenant à la cour des orangers et, par la porte du *Pardon*, reste magnifique de l'architecture arabe, entrons dans la cathédrale, bâtie sur l'emplacement d'une ancienne mosquée et en dehors de laquelle nous retrouvons encore des fûts de colonnes.

La cathédrale, construite dans un style gothique simple et sévère, a conservé ses hautes murailles d'enceinte, couronnées de créneaux triangulaires, et au milieu desquelles s'ouvre le portail en arc arabe que j'ai nommé plus haut.

Le vaisseau de la cathédrale est divisé en cinq nefs sensiblement de même hauteur ; les voûtes, dont la naissance est à trente mètres du sol, sont portées sur des piliers formés de la réunion de faisceaux de colonnes et qui malgré leur grosseur paraissent, à cause de leur élévation, trop frêles pour supporter ce poids. Je n'ai pu m'empêcher de songer au *Dôme* de Cologne à la vue de ces proportions extraordinaires.

L'église est très riche, tout y atteint des proportions grandioses, les détails du mobilier en donnent des exemples ; ce sont des antiphonaires et des graduels, que j'aperçois dans le chœur et dont le format est l'in-plano grand-aigle, avec lettres ornées ; c'est le chandelier de bronze qui va bientôt porter le cierge pascal, haut, dit-on, comme un mât de vaisseau et pesant plus de deux mille livres.

Les orgues, écrit M. Alex. de Garaudé, ont cinq mille trois cents tuyaux et cent touches de plus que celles de Harlem ; il faut regretter l'exagération et la lourdeur de leurs ornements.

Le pavé en marbre noir et blanc a coûté sept cent mille francs.

Le trésor de la sacristie renferme une énorme quantité de croix, de calices d'or massif ; l'écrin de la Sainte-Vierge possède pour plus de trois cent mille francs de bijoux. Les candélabres en matière précieuse ont trois mètres de haut.

La grande *custodia* d'argent mesure trois mètres vingt-cinq de haut, elle a la forme d'un temple circulaire à quatre étages, il faut vingt-quatre hommes pour la porter.

Le chandelier triangulaire qui servira aux offices des ténèbres durant la semaine Sainte, le *Tenebrario* qui porte quinze cierges que l'on éteint successivement, mesure plus de six mètres de haut.

Enfin, c'est un amoncellement de richesses non moins remarquables par le travail que par la matière même et les proportions énormes.

Il n'est pas, jusqu'à cet immense Saint-Christophe qui est peint à fresque près de la porte *del Relojo* ou de l'horloge et qui semble le portrait d'un géant.

L'œil est ébloui.

Malheureusement, ici encore l'aspect général de la cathédrale est rompu par l'établissement au milieu de la nef principale d'un chœur, de style bâtard et surchargé d'ornements.

C'est avant ce chœur que se dressent les échafaudages pour la construction du tombeau au Jeudi Saint; nous voyons les trous du pavé qui en marquent les dimensions. C'est vraiment bien dommage que nous ne puissions attendre trois semaines pour assister à ces solennités.

L'aspect de Séville, nous dit-on, est quelque chose de tout particulier en ces jours; la vie est comme suspendue, les magasins sont fermés, fermés les musées; les tableaux sont voilés aux églises, plus de visites aux monuments publics. C'est le deuil catholique dans toute sa grandeur.

Plusieurs chapelles sont très remarquables, la chapelle Royale qui renferme les tombeaux d'Alphonse X, de doña Béatrix la femme de Saint-Ferdinand, de Maria Padilla, la trop célèbre favorite de don Pèdre le Cruel ; on y voit de plus, en une chasse de bronze, d'argent, d'or et de cristal, le corps de Saint-Ferdinand.

Il y aurait bien des lignes, un volume entier à écrire pour énumérer tout ce qu'il y a de remarquable dans cette remarquable cathédrale ; que de sculptures, que de tableaux ! Citons seulement la toile de la chapelle du Baptistère, près de l'entrée de la chapelle qui sert d'église paroissiale. C'est le chef-d'œuvre de Murillo : *Saint-Antoine de Padoue recevant l'enfant Jésus*. Atroce éclairage, une chapelle qui ne prend le jour que par un vitrail bleu, la peinture noircie par le temps, en dépit de toutes ces mauvaises conditions, la lumière semble ruisseler sur cette composition. Le Saint est en extase, son visage rayonne de joie et d'amour, le ciel s'ouvre ; il s'épanche, de la nuée, un fleuve de clarté. Porté sur ces ondes lumineuses, l'enfant divin descend vers le Saint.

Saturés de merveilles, nous ne nous arrêtons que peu de temps devant la célèbre tour *la Giralda*, aux arêtes aussi pures qu'au jour de sa construction, à la pierre couleur rose-tendre ; on monte à son faîte, cent dix-sept mètres, au moyen de trente-six pentes intérieures que l'on peut gravir à cheval, comme fit la reine Christine. Nous nous contentons de voir d'en bas la sonnerie où les cloches font entière révolution sur elles-mêmes au lieu d'être agitées en un arc de cercle simplement.

A demain pour revoir la cathédrale.

## UN BAILE NACIONAL

J'ai parlé en maint endroit de la cuisine espagnole ; permettez-moi, cher maître, d'y revenir encore. Il y a un certain plaisir à rappeler les épreuves passées.

Le repas débute invariablement par un potage suivi du *puchero* ou *olla podrida*, la viande qui a servi à faire le bouillon. C'est un mélange de bœuf, de saucissons, de *garbanzos* ou pois jaunes et secs qui résonnent sur l'assiette et pourraient au besoin être utilisés par les chasseurs. Ce serait assez mangeable, sauf les saucissons dont la chair est trop haute en goût. Le poisson, quelquefois bon, est servi en pâtes ; l'omelette est passée au safran, le thon est mariné dans l'huile rance avec des tranches d'oranges, le riz est cuit à peine au quart, la pâtisserie est dans l'enfance. Les Français font sagement d'attendre le rôti qui est généralement très acceptable, le veau est bon, la volaille, le gibier sont très bons. Quant au vin, c'est toujours le Val de Peñas qui pue le bouc; si vous demandez des vins français ils coûtent fort cher et ne valent pas grand'chose.

Voilà des gens qui ont le talent de gâter les meilleures choses. Ils ont des olives à profusion, de fort belle venue; ils attendent pour presser leur huile que les olives aient fermenté. Leurs vins — ils en ont de toutes variétés et qui seraient parfaits même dans les qualités ordinaires —, ils les enferment dans des outres de peau qui leur communiquent un goût atroce.

Heureusement, ils n'ont pas trouvé encore le moyen de gâter leurs oranges, et elles sont délicieuses.

Le guide est venu nous fournir le moyen d'employer notre soirée. De théâtre, rien.

Il existe à Séville des académies de danse, *Escuelas de bailes* ; un professeur dirige un de ces établissements, il a une quinzaine d'élèves. Lorsqu'il y a quelques étrangers dans un même hôtel, le guide leur demande s'ils sont amateurs d'assister à un ballet comprenant les danses du pays. Il est rare qu'il ne se trouve pas de curieux. Le guide s'entend alors avec le professeur.

Ce fut à « Don Francesco de la Barrera » que le nôtre s'adressa et nous fûmes prévenus que le soir, à neuf heures précises, rue de Trajan, salle de l'Orient, il y aurait bal. On nous remit un petit programme imprimé qui faisait les plus belles promesses sur le talent des danseuses et assurait les étrangers que la décence la plus grande permettait la vue de ces divertissements aux dames comme aux messieurs.

Nous montons dans la grande salle de l'Orient.

Hélas ! nous n'étions que neuf payants ; à cinq francs, c'était loin de compenser les frais de la soirée, qui sont de soixante-dix francs environ. Il y avait dix danseuses et un danseur. Quatre bambines de six à dix ans, nous ont dansé des quadrilles assez jolis, les plus âgées, des pas de deux, de trois, le *Jaleo de Xeres*, puis le *Torero* avec le danseur, et enfin la Polichinelle.

En somme, le grand morceau est toujours le même : Un caballero se promène en dansant, il aperçoit une jolie señora, jolie par pure supposition, car elle se cache sous les plis de sa mantille et derrière son *abanico*, éventail, manié avec grâce et coquetterie. Aux grands moyens ! Le caballero agite ses castagnettes sous son manteau. Quelle Sévillanaise résisterait à tel appel ! Pepita jette mantille et éventail, le cavalier en fait autant de son manteau et la danse commence, ballonnés et taquetés, agrémentés de poses renversées, de regards passionnés.

Tout cela était fort acceptable. Mais ce qui me plut infiniment moins ce fut une sorte de *Gallegada*, un tremblement convulsif d'une gitana, accompagnée d'un affreux grattement sur guitare, de coups de talon, de battements de main, quelque chose de plus horrible qu'un charivari dansé à Ascq. Ces danseuses jettent leur mouchoir à quelqu'un de l'assistance, un étranger, bien entendu. C'est un moyen de se faire donner de l'argent. M. D.... eut la chance du mouchoir de la Gitana ; mieux partagé, je reçus celui d'une petite enfant fort gentille. Je mis une piécette dans un coin noué, et, en lui rendant son mouchoir, je l'aurais volontiers embrassée.

Une Gitana.

SÉVILLE.

22 février.

Mon cher P.

C'est aujourd'hui dimanche, la journée s'annonce belle, nous aurons la promenade.

Nous commençons en bons catholiques par aller à la cathédrale pour assister à la messe. Ce qui nous donne occasion de revoir encore les beautés que nous avons admirées la veille, tant que nous l'a permis l'ombre qui descendait malgré les cent verrières de l'édifice.

Puis nous nous égarons à dessein, pour voir un peu la population. Décidément, même lorsqu'elles ne sont pas jolies, les Sévillanaises sont attrayantes de tournure, de maintien, de port. Quant à la beauté, la belle fille ne l'est pas à moitié ; mais gare pour la femme à la vingt-cinquième année ! Les traits s'empâtent, les méplats s'effacent, le bouffissement est proche. Restent sans doute les yeux et la chevelure, les longs cils soyeux et le teint légèrement mat comme un or pâle bruni; restent.... non, hélas! ne restent plus les mantilles et les jupons brodés, Paris est venu là aussi, adieu la nationalité du costume.

Nous sommes bien placés pour voir et apprécier. Notre étoile — pas le guide, il ne nous retrouve que une heure après — nous avait amenés sur une place fort garnie de monde. Qu'est-ce? Qu'y a-t-il?

Ceci est la place *San Salvador*, voilà l'église *San Salvador*, il est midi et demi, à une heure se célèbre *la messe des paresseux*. La musique militaire viendra s'y faire entendre. Et tout ce monde est là pour écouter la musique et dévisager les belles paresseuses.

En toute vérité, je n'ai rien entendu de bien merveilleux, ni rien dévisagé de bien attrayant.

Le guide nous a retrouvés. Il nous offre ses services. Il fait bien chaud! Essayons tout de même.

Nous descendons vers le Guadalquivir. On sait que suivant les poëtes arabes et espagnols, suivant Monseigneur de Salignac Fénelon (Télémaque, livre VIII), ce fleuve, qui se nommait alors Bœtis, coulait dans des vergers délicieux, au milieu des fleurs, des orangers et des oliviers, ses bords étaient garnis de nymphes charmantes qui se jouaient dans le cristal des eaux.

En changeant de nom, le fleuve a rudement dégénéré. Je ne nie pas les orangers, non plus que les oliviers, mais le cristal du Bœtis a disparu dans les ondes jaunâtres du Guadalquivir, celui-ci roule ses flots, peu abondants parfois, dans des plaines arides, et les petits cochons de la race noire indigène ne rappellent que fort vaguement les troupeaux aux molles toisons. O nymphes du Bœtis, qu'avez-vous fait de vos bergers enrubannés ! O Guadalquivir, qu'as-tu fait des rives fortunées et des charmes de la belle nature !

Nous remontons le fleuve pour aller passer devant la douane et nous entrons à *la Caridad*, une sorte d'hospice où il n'est guère plus facile d'entrer comme visiteur que comme pensionnaire. Du reste nous n'avons ici à visiter que la chapelle; la maison paraît admirablement tenue, mais s'il ne faut pas la croix et la bannière pour être introduit, il est nécessaire cependant d'attendre quelque peu pour que : « Sésame ! ouvre-toi ! » opère.

Cette chapelle n'offre en elle-même que peu d'intérêt, mais elle renferme deux tableaux célèbres d'Est. Murillo : *Moïse frappant le rocher* et *la Multiplication des pains*. A proprement parler, ce n'est pas de la peinture religieuse, ni d'un côté, ni de l'autre ; dans le Moïse, un beau groupe ; dans la Multiplication des pains, un beau paysage, voilà ce qui a séduit le peintre.

Ce point admis, ce qu'il faut louer sans réserve c'est la puissance du coloris, la vérité des détails, l'harmonie de l'ensemble.

Sous la tribune de l'orgue, on nous fait remarquer un tableau très loué, de Valdès ; il représente un archevêque, dans son cercueil entr'ouvert, revêtu de ses ornements pontificaux et déjà envahi par une légion de vers. Eh bien, ce doit être très beau au point de vue de l'art, mais cela m'a produit le même effet de répulsion qu'une œuvre de Jean Goujon, dans la cathédrale de Gisors, un cadavre dévoré par les vers.

Décidément, le soleil mord, l'atmosphère porte au sommeil. Bonjour, monsieur le guide, nous allons faire la sieste.

« ..... Ah ! Monsieur le guide, ayez-nous, je vous prie, une voiture pour quatre heures, nous irons promener. »

Et nous avons été promener à *las delicias de Cristina*. C'est une longue et large allée, bordant à gauche le palais de *San Telmo*, résidence du duc de Montpensier, où se trouvent d'admirables jardins, remplis d'arbres et d'arbrisseaux exotiques ; à droite est une sorte de parc dont on pourrait faire quelque chose, peut-être l'a-t-on tenté, en tous cas il n'y paraît guère.

Les voitures sont nombreuses, plus ou moins — surtout moins — luxueuses, bien garnies généralement, deux ou trois « belles petites » en toilettes demi-tapageuses. Les attelages y sont de toute variété, des chevaux, des mules, nous apercevons un huit-ressorts. On forme un long ruban fermé en ovale, en marchant par la gauche et au pas. Quelques carabiniers à cheval veillent au bon ordre et empêchent de rompre la file ailleurs qu'aux deux extrémités. Les conversations ne sont pas des plus bruyantes, ce qui n'empêche pas les rires sonores d'éclater et les abanicos de déferler aux mains des señoras.

On rentre pour dîner.

Il était dit que nous épuiserions « la coupe des plaisirs » ce-dit jour. M. D... m'entraîne à travers la place de la Madeleine par la place du Duc au théâtre de la *Zarzuela*, comme qui dirait le théâtre de l'Opérette. Ça n'est pas ruineux, un franc cinquante la place.

Ce théâtre est une immense salle, assez laide, le milieu est garni de chaises, les côtés sont un peu relevés et forment de grandes loges comme nos publiques au théâtre de Lille.

La pièce se nomme la *Marina*. Ce doit être fort amusant à en juger par les rires et les applaudissements. Il y a un chanteur qui a dû.... comment dire ? bisser ! sept fois un couplet. Il est vrai qu'il en changeait chaque fois les paroles.

A trop grande distance, je n'entendais guère, je comprenais encore moins. Et à chaque éclat de joie de l'auditoire, mon compagnon m'enfonçant le coude dans le côté, me demandait : qu'est-ce qu'il a dit?..., Ah bien oui !

Il y a là deux mille spectateurs qui fument comme des locomotives, on aperçoit la scène dans un léger brouillard à la nicotine.... Quel agrément, moi qui ai fumé tout juste deux cigarettes en trente jours !

Heureusement, les deux actes sont terminés. Nous pouvons aller dormir.

MALAGA.

28 février.

Ma chère C.

Ce matin, la tarentule du patron a failli lui jouer un vilain tour. Par amour de la locomotion, il avait résolu de s'en aller de son pied léger à la gare ; il se rappelait bien l'itinéraire de l'avant-veille.

Heureusement, il ne persista pas dans son projet et m'accompagna jusqu'au bureau central au coin de la Place-Neuve, où arrivent et d'où partent les belles diligences attelées de douze mules et dont les caisses sont ornées de joyeuses peintures de scènes diverses et de paysages. C'est là aussi que nous prenons nos billets pour Malaga, tandis que nos malles sont transportées à la gare qui est à une demi-lieue de celle où nous étions arrivés samedi. Il y a un omnibus pour les voyageurs et une fois à la station nous n'aurons plus qu'à faire enregistrer les bagages.

Le voyage de Séville à Utrera, d'Utrera à la Roda n'a rien de neuf. Mais quel ravissement de Bobadilla à Malaga ! Nous pénétrons au cœur de la montagne par quinze tunnels d'une longueur totale de plus de six kilomètres et nous sortons de l'un pour plonger dans des tranchées qui ouvrent sur des précipices sans fond, où roulent en cascades d'écume des torrents, pendant que le rocher s'élève à des centaines de mètres droit comme un mur. C'est d'un horrible grandiose. Et comme contraste on débouche enfin sur des vallées où la végétation a une exubérance inouïe. Les orangers, les citronniers, les limoniers plus gros que nos plus gros pommiers, couverts de fruits depuis le jaune foncé jusqu'au jaune pâle, se mêlent aux figuiers dont les branches à l'écorce blanche s'étendent comme de longs bras attendant leur vêtement de feuillage. Les amandiers sont des touffes roses, les eucalyptus monstrueux de taille, bien que jeunes encore, ont des feuilles pourpres, brunes, orangées qui en font d'immenses bouquets. A l'horizon, sous les rayons du soleil qui s'abaisse, les montagnes descendent en pentes molles vers la mer, prennent des teintes qui parcourent toute la gamme du rose; les champs de cannes-à-sucre frémissent sous un souffle chaud ; les berges des fossés elles-mêmes sont tapissées du feuillage blanc et vert du chardon-Marie. Il semble vraiment que nos fleurettes de France, paquerettes, ficaires, aient doublé de grosseur sous ce climat béni.

Ah ça ! les faiseurs d'opérettes auraient-ils dit vrai en écrivant :

Il grandira (bis) car il est espagnol !

La fumeterre est dix fois plus coquette, le bleu des sauges, des bourraches est plus azuré, les asphodèles dressent plus superbes leurs tiges fleuries, c'est le printemps dans tous ses charmes.

Nous sommes arrivés à six heures, après un charmant voyage pendant lequel j'ai eu pour aimable cicerone un sévillanais fort au courant du pays et avec lequel j'ai dégoisé de l'espagnol à dictionnaire que veux-tu !

Notre hôtel, malgré son grand titre, hôtel de Londres, ne me plaît guère, d'abord il y a un escalier où je me briserai une patte sinon la tête. J'y prendrai garde. Ce n'est pas qu'il soit tortueux, au contraire, mais les marches sont d'un large à demander trois minutes de l'une à l'autre. On titube entre deux.

Puis, on nous conduit à un salon, au premier, avec chambre à deux lits. Comme il est avéré qu'il y a incompatibilité pour M. D.... et pour moi à coucher dans une même pièce ; que d'autre part nous jugeons un salon fort en dehors de nos habitudes modestes, nous demandons autre chose. Deuxième étage, rien. Troisième, des cabanons.

Proposition d'un moyen terme, on enlèvera un des deux lits de la chambre du premier et on le mettra dans le salon, ce qui supprimant ledit salon fera deux chambres contiguës. Adopté.

Au dîner, salle pas splendide, éclairage plus qu'insuffisant. Quand nous attaquons le potage, le reste des mangeurs en est au pouding au riz, sauf une jeune personne qui nous fait vis-à-vis. Elle est en gros deuil, ni trop jeune ni trop vieille, ni bien ni mal, un type assez réussi d'une demoiselle de compagnie. Elle est modeste, mais esseulée. Elle cause. C'est ou plutôt c'était la demoiselle de compagnie de la femme du Consul français à Malaga. Ce malheureux fonctionnaire a perdu sa femme ici, il y a une dizaine de jours, à la suite de couches. Ils sont à Malaga depuis deux mois et pour comble de malheur attendent toujours leurs malles qui doivent depuis lors être expédiées du Hâvre. De telle sorte que le pauvre veuf est sans ressources, près du cercueil de sa jeune femme morte à vingt-deux ans. Nous prenons part à sa peine et lui offrons, à la demoiselle, un verre de notre bouteille de Bordeaux. C'est une jeune italienne et nous échangeons quelques phrases dans la langue du Tasse.

A noter : dans notre flânerie du soir, nous sommes entrés dans un cercle privé, le Cercle Mercantile, établissement splendide, dix fois plus beau que le Cercle du Nord. Et cependant c'est ici une ville de quatre-vingt mille âmes, tandis que Lille compte plus du double.

Il est onze heures et demie, c'est-à-dire temps d'aller dodo. Je t'embrasse et te souhaite une bonne nuit.

GRENADE.

24 février.

Mon cher P.

Hier à midi, à Malaga, on tirait le canon, nous montions en voiture. Ne cherchez pas de relation entre ces deux faits, le bronze tonnait uniquement pour aviser la population que, demi-heure après, la dynamite devait faire sauter une portion de montagne pour je ne sais quel travail subséquent de terrassement.
Cependant on aurait pu tirer une salve pour célébrer notre satisfaction de quitter cette ville. La mer y est belle, je ne le nie pas, du Sud et du Nord les montagnes s'abaissent pour encercler un port naturel. La plaza qui s'étend de la promenade de *l'Alameda* au quai est pleine de vie, de cris, de l'agitation marchande. Mais quel hôtel! Quelle saleté! Quelle cuisine! Que de mendiants déguenillés et importuns! Remplissez

la page d'exclamations du même genre et ce ne sera pas tout.

Je n'ai même pas trouvé rien à noter dans une fontaine de l'Alaméda dont le guide de Lavigne vante l'exécution parfaite dans une description un brin légère.

Bientôt nous revoyons ce paysage splendide dont j'ai parlé dans ma précédente lettre; nous revoyions Bobadilla.

Là nous changeons de direction, nous marchons vers l'Est, vers Grenade. Nous voici de nouveau dans la montagne, *la sierra Nevada*, la montagne Neigeuse. Adieu les beaux orangers, plus rien que quelques amandiers à la perruque rose comme en portait feu de Brunswick et bientôt seulement les tristes oliviers si semblables à des saules au feuillage gris.

Puis, plus rien que les croupes arides des monts, des éboulis, des ravins profonds, des pics aux cîmes blanches. Le soleil est brouillé, il fait froid. Le paysage est triste. Sous l'ombre qui s'avance, j'aperçois à droite une ville, avec une grosse tour en ruines. C'est Antequerra! et alors de songer à la ballade de V. Hugo, Gastibelza :

> Quelqu'un a-t-il connu doña Sabine,
> Ma señora !
> Sa mère était la vieille Maugrabine
> D'Antequerra,

> Qui chaque soir dansait dans la tour Magne
> Comme un hibou !
> Le vent qui vient à travers la montagne
> Me rendra fou !

Non, le vent qui vient à travers la montagne ajoute seulement quelques touches à cette teinte mélancolique qui assaille l'esprit lorsque du plein soleil on tombe dans les ténèbres, du paysage riant dans l'horizon désolé, des pensées riantes du matin du voyage aux réflexions du soir.

La montre est souvent consultée pour savoir si l'on avance. Encore une heure lorsqu'entre dans notre coupé un employé du chemin de fer qui prend notre billet de bagages. C'est un usage en ce pays, usage très commode. Au départ, une sorte d'administration, sous le nom de bureau central, se charge de vos colis, de vos billets, de votre transport à la gare. Vous n'avez qu'à payer. A l'arrivée, on vous a demandé à l'avance votre hôtel, votre bulletin de bagages et vous n'avez absolument plus qu'à vous laisser voiturer.

A Grenade, plus d'une demi-lieue de route pour arriver à notre hôtel. Nous traversons d'abord une ville qui ressemble assez au faubourg d'Amiens, près d'Arras. Puis nous débouchons dans une promenade splendide qui rappelle les promenades de Spa, des chemins larges, bien entretenus, ombragés de grands et magnifiques arbres qui sont bien les frères de nos beaux ormes et de nos peupliers.

Enfin, presque au haut de la colline, nous nous arrêtons devant deux hôtels, les seuls bâtiments qui paraissent exister ici, nous sommes en pleine campagne. L'un est l'hôtel Washington, on y voit passer des ombres de curieux et de curieuses venant aux fenêtres. En face, l'hôtel de *los siete Suelos*, le nôtre, l'hôtel des Sept-Étages. Souvenir de l'Alhambra !

Nos appartements ont un luxe de simplicité et de propreté qui nous charme. Murs blanchis à la colle, serrures des portes et des fenêtres qui ressemblent à celles que dut fabriquer Tubal Caïn, le premier forgeron, des nattes de sparterie dans les corridors, des carpets anglais dans les chambres, garniture du mobilier, bois variés avec marbres blancs, chaises de paille. Mais comme tout cela a l'air sain et bien portant. Notre santé est excellente, les repas au chocolat et *al pan francese* nous entretiennent la fraîcheur du teint, les oranges, un réal la douzaine, à Pizarra, sont délicieuses et l'on vous sert d'un petit vin paille cent fois préférable à l'exécrable Val de Peñas.

Nous avons le temps d'attendre nos bagages qui n'arriveront au plus tôt que dans une heure, nous dînons-soupons, car depuis notre mince

Hôtel de Los Siete Suelos — Alhambra, Grenade.

déjeûner de Malaga nous n'avons grignotté qu'un petit pain avec un peu de chocolat et les éternelles oranges. Une tranche de bœuf froid, une perdrix froide, des raisins secs, du fromage, de bon pain, le petit vin de la Costa da Granada; le tout se couronne par une promenade au clair de la lune; on rentre, les bagages arrivent, il est onze heures. Bonsoir.

GRENADE.

25 février 1880.

Si nous n'avions écouté que nos désirs de touriste, notre première sortie eût été pour l'Alhambra, à l'ombre des tours duquel nous venions de passer notre nuit. Mais nous devions avant tout descendre à la ville pour aller au télégraphe et à la poste.

Nous suivons donc les allées enchantées qui serpentent entre les bases de la colline, au bruit de mille ruisselets dont les filets d'eau gazouillent et murmurent dans l'herbe et sur les cailloux, et nous arrivons à la porte qui débouche sur la rue de *los Gomeles*, ainsi nommée d'une tribu célèbre qui l'habita, rue montueuse. Nous traversons le quartier le plus antique de Grenade, le *Zacatin*, rue marchande, toute tortueuse, aux petites boutiques sombres, car les vieilles maisons surplombent et les toits des deux côtés viennent presque s'entrebaiser.

Nous arrivons aux *Correos*, bureau de poste et

nous voyons la belle (?) diligence qui de Grenade va rejoindre à Mengibar le chemin de fer, remplaçant deux cent quarante-sept kilomètres de chemin de fer, par soixante environ de voiture. Il est vrai, que par cette dernière voie on est affreusement cahotté, exposé à verser et en ce cas à quelque bris de membre ou même de la tête. Quant au charme du paysage il est nul. Nous prendrons la voie ferrée.

Notre visite terminée au télégraphe, nous nous rendons à la cathédrale. C'est un très grand, très beau vaisseau, où tout parle du passé de Grenade, de Ferdinand et d'Isabelle, comme Cordoue nous parlait de Gonzalve, le grand capitaine, comme Séville est pleine du souvenir de don Pèdre.

Le vainqueur de Grenade, celui qui chassa l'infortuné Boabdil, de son dernier refuge, est là couché sous le marbre, à côté d'Isabelle, dans la chapelle Royale.

Dans un autre tombeau, tout proche et non moins riche en sculptures splendides, reposent les corps de Jeanne-la-Folle et de son époux Philippe-le-Beau.

Dans une armoire voisine, nous voyons les attributs du pouvoir royal qu'ont tenus en leurs mains, dont ont coiffé leur tête, qu'ont revêtus les deux souverains. Vanité du pouvoir! Et quelles réflexions en présence de ces cendres humaines plus vîte réduites en poudre que l'or et les bijoux.

Cette chapelle Royale — une piécette pour l'entrée — est vraiment intéressante au plus haut degré, de naïves peintures représentent la reddition du roi maure au prince catholique.

La *Capilla major*, maître-autel, la *Capilla del Pilar*, la chapelle de Santiago demanderaient des descriptions complètes. Nous ne pouvons nous y arrêter longtemps.

Notons en passant, les lignes suivantes que répètent toutes les colonnes au pourtour de la cathédrale :

*Nadie se pasee, hable con mujeres, ni este en corillos en estas naves, pena de excommunion, y 2 ducados para obras pias.*

« Que personne ne se promène, ne parle aux femmes, ni ne se tienne en groupes dans ces nefs, à peine d'excommunication et de deux ducats pour œuvres pies. »

A d'infatigables mendiantes, je montre le second membre de phrase : *Nadie...... hable con mujeres.* Elles ne continuent pas moins leur antienne. Après tout, sont-ce des femmes ?

Mais nous avons vu tant de *capillas*, de *trascoros*, de *sillerias* que ce que nous demandons maintenant, c'est l'Alhambra.

Nous reprenons donc *la Cuesta de los Gomeres*, les allées auxquelles manque encore l'ombre du feuillage des grands arbres et nous allons sonner à la porte du Généralife.

Nous avions eu soin avant cela de nous munir chez le consul d'Italie d'une permission écrite, fort obligeamment délivrée. Nous avons vu à cette occasion l'épée de Boabdil, une lame toute damasquinée et qui semble bien plus une épée de parade qu'un glaive de guerrier.

Le Généralife est plutôt un jardin qu'un palais, c'est la maison de plaisance de l'Alhambra et son nom signifie : la maison des fêtes. Une longue allée de vieux cyprès y conduit ; les à-côté sont couverts de violettes au parfum délicat. Nous récoltons les cônes des cyprès et nous cueillons la fleur embaumée. L'extérieur de la maison est une grande muraille sans fenêtres ; puis des arcades, de grands panneaux d'arabesques enfouis sous le blanc de chaux, merveilleuse broderie qu'on devine à quelques échappées et que l'on devrait bien passer à une lessive à fond.

Seuls, en l'état où se trouve le tout, le jardin et les eaux, suspendus en étages, présentent un charme réel au visiteur. Voici le cyprès de la sultane auquel on attribue une longévité de mille années.

Quelques pièces encore subsistantes, le mirador de la sultane favorite, témoignent par leur état de délabrement, par les noms profondément gravés dans le marbre des murs et des appuis, de l'envahissement par les français qui y ont laissé trop de traces de leur passage au siècle présent.

Je ne sais quel auteur a dit de nos belles cathédrales, que ce sont des poëmes chrétiens ; on peut dire avec juste raison de l'Alhambra que c'est un poëme de l'art mauresque.

Nous avons été ravis à Séville par les merveilles de l'Alcazar ; notre admiration s'est autrement élevée à l'Alhambra de Grenade, bien plus harmonieux, bien plus doux à l'œil, l'emportant en élégance, en délicatesse, en légèreté aérienne. Et puis ici, le roman, la légende prirent l'histoire ou plutôt se mêleront avec elle en lui prêtant une poésie nouvelle.

Voici les Tours Vermeilles, la cour des Lions, la salle des Abencerrages, le palais inachevé de Charles-Quint et les patios aux noms mystérieux, le patio du Mezouar (bains de femmes), si merveilleusement décrit par Th. Gautier ; voici la salle des Ambassadeurs, dans la tour de Comarès, immense carré de quarante-trois mètres de côté. Ses murs s'élèvent à dix-huit mètres ; trois fenêtres, aux baies profondes comme des chambres, l'éclairent sur trois côtés ; le plafond de cèdre aux mille planchettes, ingénieuses combinaisons mathématiques d'angles rentrants et sortants, présente le dessin le plus varié. Ses murailles sont couvertes d'arabesques s'enroulant autour des versets ou *Suras* du Coran. Les fenêtres sont chamarrées de fleurs, de rinceaux, de vers à la louange du lieu, de la limpidité de ses eaux.

Puis ce sont les appartements de la sultane favorite, son cabinet de toilette dont le pavé de marbre dans un angle, est percé de trous par lesquelles passait la fumée des parfums.

Du *mirador de la Reina* on a une vue enchanteresse, la Véga de Grenade, pleine de végétation, s'étend aussi loin que l'œil peut porter; dans le fond, tout en bas, c'est le vallon sauvage où coulent le Xénil et le Darro, au milieu des rochers et des buissons de figuiers de Barbarie ; au dessus s'élève la colline de l'Albaycin où se creusent les terriers des Gitanos, à gauche, c'est la Sierra Nevada, sur laquelle nous voyons tomber la neige tandis que nous recevons philosophiquement la pluie que nous chasse le vent. Là se retourna, les yeux pleins de larmes, et contemplant une dernière fois Grenade, le roi Boabdil partant pour l'exil. « Pleure comme une femme le royaume que tu n'as su défendre comme un homme ! » lui dit sa mère. Ce point de la Sierra a retenu le nom poétique de : le dernier soupir du maure, *el ultimo suspiro del Moro*.

C'est après avoir erré dans ces galeries sans nombre, le long de ces bassins, sous ces arcades, qu'il faut ouvrir le volume de Washington Irving, et lire ces étonnants récits grenadins où revivent puissants les souvenirs historiques et les croyances

Mariano Fernandez, Prince des Gitanos.

des maures aux trésors cachés, aux guerriers enchantés.

Les habitants du voisinage de l'Alhambra n'ont point été ingrats pour la mémoire du poëte-romancier qui a raconté leurs légendes, c'est en son souvenir qu'a été nommé l'hôtel Washington qui fait face à l'hôtel de los Siete Suelos et peuple avec lui ces solitudes.

Il y a une sorte de travail de restauration de ces vieux restes de la splendeur arabe, mais j'ai bien peur que la main du temps ne soit plus prompte à détruire que celle des hommes à réédifier.

*LA CARTUJA.*

Ce nom sur lequel vous pouvez vous exercer à la prononciation arabe de la *jota*, le j, sorte d'aspiration gutturale qui ne se peut figurer, ce nom signifie la Chartreuse.

Prenez la voiture, car c'est un peu loin, surtout quand on descend de l'Alhambra, traversez Grenade, passez devant *la Plaza de Toros* qui tous les dimanches, à partir de Pâques, va recevoir ses quatorze mille spectateurs, tressautez dans vingt ornières et enfin sur votre droite vous escaladerez une montée pavée (?) en morceaux de marbre, formant mosaïque représentant fort grossièrement des combats de chevaliers ; agitez la cloche.

Au bruit de l'airain, jadis sacré, apparaît un bonhomme dont il est difficile de fixer l'état civil. Cela tient du sacristain, du paysan grenadin, de l'impudent exploiteur de la curiosité en voyage.

On commence par un petit tour aux quatre

côtés d'un cloître orné (?) de peintures murales, sorte de fresques, qui mêlent pittoresquement la vie du fondateur de l'ordre de Saint-Bruno, et des scènes d'égorgement et de tueries dont auraient été victimes ses disciples.

Vers le milieu de cette galerie peu récréative, le guide m'arrête par le bras. — *Mira Vm!* — Regardez !

Je regarde sous l'angle qu'il m'indique et ne voyant rien de bien remarquable je n'en fais pas moins ce mouvement de tête qui signifie : compris !

Il m'entraîne quatre pas. Et devant la même peinture, la même phrase : *Mira Vm.*

Pour le coup, renonçant au langage par signes, même à l'espagnole : « Eh bien ! » lui dis-je.

Retour à la première position, retour à la seconde. « Eh bien ! » plus fortement accentué.

Alors, il me prie très placidement de remarquer que la peinture était faite de telle façon qu'un cheval, occupant la moitié du tableau, paraissait courir à droite quand on le voyait de gauche et réciproquement. J'en suis encore ahuri.

Aussi, n'ai-je accordé qu'une très faible attention à la croix du réfectoire « si bien peinte qu'à distance on la croirait en bois plein. » J'aime mieux les trompe-l'œil de Wiertz à Bruxelles.

Que diable ! nous a-t-on recommandé la Chartreuse de Grenade ! pensais-je à part moi.

Cric ! crac ! une serrure ouverte, nous sommes dans une chapelle. Vrai, ce n'était pas mal, surtout après les fresques que je viens de dire. Première chapelle, pour la domesticité du couvent ; seconde chapelle, pour les novices ; troisième chapelle, pour les profès.

Encore un coup, ce n'est pas mal. Mais pour des gens qui viennent de voir tant de merveilles depuis trois semaines, il n'y avait pas lieu à tant de fracas.

L'être amphibie qui exhibait la Cartuja avait l'air de rire en sa barbe.

Nouvelle porte, nouvelle clef.

Pour cette fois, tout d'une voix, mon compagnon et moi n'eûmes qu'un cri d'admiration.

Qu'on se représente une splendide chapelle, dont les murs sont ornés de colonnes torses soutenant la voûte. Ces colonnes sont d'un merveilleux stuc blanc. Leurs bases, l'autel, sont taillés en plein marbre d'un jaune merveilleux, aux veines d'un brun sombre. Avec un art infini, les blocs ont été débités de façon à jumeler les dessins, comme font les ébénistes pour les placages d'acajou.

Armé d'un long bâton, le sacristain nous fait suivre de l'œil les dessins fantastiques que retracent les couleurs du marbre. C'est une tête de bœuf, un buste de femme, un oiseau aux ailes éployées, un monde entier.

Ces marbres viennent de la Sierra voisine. On ne les exploite pas, faute de moyens de transport. Il a fallu tout le dévouement religieux des Chartreux pour apporter ceux-ci à dos de mulet, après les avoir extraits au prix de fatigues extrêmes.

Tout cela est admirable et n'est rien cependant au prix d'une œuvre de marqueterie, produit de quarante années de travail d'un pauvre moine.

Entre les bases des colonnes sont placées de splendides armoires pour les ornements sacerdotaux, armoires divisées en cinq ou six tiroirs superposés, en plein bois de cèdre, à la teinte rouge-noir que lui ont donnée les années.

Chaque tiroir a son encadrement en fine marqueterie, ivoire, ébène, écaille, nacre, rehaussés de marbre sanguin. C'est soigné comme un meuble de Boule, avec le grandiose, le large, l'immense en plus.

Après cette vue de choses magnifiques qui élèvent les pensées, il nous fallait redescendre sur terre.

Le guide s'en chargea. Le gouvernement, nous raconte-t-il, a confisqué la propriété. Il a vendu les terres que les Chartreux avaient arrosées et fécondées de leurs sueurs, ces terres qui étaient les meilleures de la célèbre *Véga* de Grenade ; toutefois, il n'a pas vendu la chapelle où chaque dimanche on dit la messe.

Et cependant, quelle bonne occasion de se

*défaire* de la splendide marqueterie dont les anglais ont offert des sommes fabuleuses !

Que les anglais aient fait de pareilles offres, c'est possible, les légendes racontent de ces sortes de choses.

Mais que le gouvernement, court d'écus, d'Espagne les ait refusées, lui qui a vendu une des deux merveilles voisines qu'on nommait les Vases de l'Alhambra, c'est bien étrange !

L'ALBAYCIN.

J'avais peu de goût pour y aller.
Malgré sa migraine, — la seule du voyage, — mon compagnon était d'avis contraire.
Le guide ne nous y engageait guère.
L'Albaycin est une des trois montagnes qui partagent Grenade en une pomme de grenadier. Le matin, nous l'avions aperçue des hauteurs de l'Alhambra, ou du *mirador* des sultanes au Généralife.
C'est une montagne percée de terriers, servant d'habitation aux Gitanos. Une ouverture sans porte, voilà le seuil, la fenêtre, la cheminée du taudis. Là dedans grouille, vit, se reproduit, dans la promiscuité la plus complète, un mélange de bipèdes et de quadrupèdes.
Nous y arrivons en voiture après avoir cotoyé un affreux fossé bordé de ruines et finalement une route découpée en précipice. Nous arrêtons fort heureusement avant qu'un demi-tour de roue

de plus ne nous ait envoyés dévaler à cent mètres au-dessous.

A peine hors de ce danger, nous voici dans un autre. C'est une invasion de mécréans à figure olivâtre, large, aux vêtements en loques, avec des manques de continuité effrayants étant donné le décharnement de la poitrine. Ce sont de gais marmots ; des beautés du lieu, les cheveux noirs collés avec de l'huile rance et dont le bleu aîle-de-corbeau est avivé de fleurs naturelles ; des mères portant!! deux jumeaux de quelques mois, reposant sur leurs seins émaciés, enfin des garçonnets en costume de gueux de Callot. L'une nous invite à entrer dans sa demeure, l'autre nous assassine de ses : *Señorino, una cosita*, celui-ci fait la roue, cette autre nous dira la bonne aventure. On nous tire deçi, delà, le guide menace de son bâton, tout en maugréant contre les idées de ces français qui veulent tout voir. Les gestes deviennent trop familiers, les demandes trop vives. Gare aux pierres si nous ne prenons promptement le parti de nous laisser mettre à grosse contribution ou de nous ensauver.

Ce dernier parti nous est conseillé par le guide. Nous remontons dans la voiture que le cocher a remise en voie moins périlleuse. Alors, seulement alors, je lance généreusement quelques pièces de cuivre. On se pousse, on se culbute pour attraper quelque chose de cette manne. Fouette cocher !

il n'en va que plus vîte. Mais les *ochavos*, les *cuartos* et autres cuivreries ont été relevés, nos poursuivants reprennent la course. Comme Atalante — nous sommes au pays de ses exploits — je jette de temps à autre une nouvelle pièce.

Enfin, nous arrivons. Il était temps, j'allais passer forcément à la monnaie blanche.

Cette race étrange des Gitanos a de tout temps pullulé en Espagne, particulièrement en Andalousie. En un certain temps elle peuplait à elle seule tout un faubourg de Séville, Triana. Le soleil chaud, presque le soleil d'Orient, leur rappelait celui des bords de l'Indus.

Maintenant c'est à Grenade qu'on les retrouve en groupe plus nombreux.

La persécution, soit politique, soit religieuse détermina leurs migrations ; vers la fin du XIV° siècle, ils faisaient leur première halte près des bords du Danube. Puis ils continuèrent sur tout le continent leur course nomade, sous divers noms : Bohémiens en France, Gipsies en Angleterre, Zingari en Italie, Gitanos en Espagne.

Leurs traits, leur langue, tout rappelle leur origine indoue. De nature errante, ils se sont mêlés à toutes les nations sans se fondre dans aucune ; exerçant toutes sortes de métiers suspects, voleurs, vagabonds, ils ont, dit-on, conservé intactes deux vertus : le sentiment de la famille et la chasteté des femmes, au besoin, ajoute-t-on, cette dernière se défend avec le poignard.

Il ne se marient qu'entre-eux, ont leurs lois, leurs coutumes. Ils habitent en dehors des villes comme s'ils obéissaient au sentiment de répulsion instinctive que professent à leur égard les populations sédentaires. Nous avions rencontré dans un faubourg de Lisbonne un échantillon de cette race étrange, ayant pour compagnon un ours, pauvre descendu de quelque montagne et pour lequel la famille semblait professer un amour tout spécial.

## DE GRENADE A VALENCE.

### 26-28 février.

Vous aviez bien raison, maître, dans votre sous-entendu au départ de Lisbonne, le but du voyage étant dès lors rempli, nous allions prendre la route du retour.

Nous l'avons prise, il est vrai, à la façon des écoliers, nous avons voulu voir, nous avons vu, et s'il nous reste deux étapes encore, deux villes où nous arrêterons, ce sera autant pour ne pas nous fatiguer que pour visiter Valence et Barcelone qui n'ont plus à nous montrer de merveilles comparables à celles que nous venons d'admirer.

En conséquence de ce soin raisonnable et raisonné que nous avons de notre santé, nous avons décidé de nous arrêter à Cordoue ; nous retrouverons notre excellent coucher de l'hôtel Suisse, nous referons une visite à la mosquée et nous partirons frais et dispos pour le trajet de Cordoue à Valence, vingt-deux heures, au lieu du trajet de Grenade à Valence qui demande trente-cinq heures.

Donc nous partons de l'Alhambra à sept heures et bien secoués dans un omnibus très peu moëlleux et sur le pavé rocailleux des rues tortueuses de Grenade, nous arrivons à la gare. Nous repassons devant Antequerra, à Bobadilla, le point de jonction, nous retrouvons mon cauchemar de Montargis, et en même temps, un malheur n'arrivant jamais seul, on nous sert le plus atroce des déjeûners funestes que nous ayons eus en Espagne.

Nous prenons un nouveau compagnon de route, c'est un marchand de vins de Cette qui dans quelques heures s'arrêtera à Montilla, où il achètera de bon petit vin du pays à cinquante centimes le litre. Cela servira à fabriquer à Cette un Sauterne authentique, dans les prix doux.

Notre retour à Cordoue nous valut de retrouver quelques lettres en retard à la Poste.

Le vendredi, nous quittâmes Cordoue à deux heures.

La journée avait été assez belle, mais la nuit s'annonçait rude à la traversée de la montagne. Vers dix heures nous étions à Chinchilla quand le conducteur vint nous demander — nous étions quatre voyageurs — si nous voulions accepter la compagnie d'une dame qui avait peur d'être seule dans le *reservado* pour *les Señoras*.

« Est-elle jeune ? est-elle jolie ? » demandâmes-nous tout d'une voix.

Elle eût été vieille et laide que la galanterie française nous indiquait nos devoirs quand même. Aussi nos interrogations n'étaient que pour la forme.

Trois heures plus tard, notre compagne du moment, une assez gentille anglaise de vingt-six à vingt-sept ans, nous quittait pour reprendre le compartiment des dames, en effet, elle n'avait pas peur en compagnie de quatre hommes, mais comme elle allait rester avec un seulement — nous prenions une autre ligne — la thèse changeait.

Nous étions à la Encina, heureux de trouver un morceau à manger à un fort bon buffet, car il y avait plus de quatorze heures que nous ne nous étions assis à table.

Désireux d'être plus à l'aise pour finir notre nuit et voyant des compartiments vides et avec l'éternel *reservado*, nous demandons un de ces compartiments. Un refus net et accompagné de menaces de procès-verbaux si nous persistions à vouloir monter dans ledit compartiment allait amener une discussion désagréable tout au moins ; heureusement un commissaire de surveillance fit entendre la voix de la raison. Nous montâmes dans un non-réservé, accompagné d'un de nos précédents compagnons. C'était un anglais fort aimable, voyageur pour le placement de charbons anglais et aussi pour une grande maison de construction. Nous eûmes sa compagnie jusqu'à notre départ de Valence et nous en fûmes très heureux.

Quand revint l'aube nouvelle, au matin du samedi, les glaces des portières étaient couvertes de givre ; la campagne était blanche. Une demi-heure de soleil et il n'y paraissait plus. Nous étions à l'entrée des magnifiques campagnes de Valence ; rizières, champs d'oliviers alignés au cordeau, plantations de jeunes orangers, palmiers, dattiers chargés de fruits, à perte de vue des champs bien cultivés et ce sera ainsi pendant cent kilomètres.

Voici Carcagente, plantée de mûriers et d'orangers, avec ses habitations ornées de terrasses, blanchies à la chaux et fermées de volets verts. Voilà des beffrois carrés, bâtis en briques de nuances diverses et couverts en partie de faïences vernissées.

Enfin, nous sommes à Valence. Nous descendons à l'hôtel de Paris, *Calle del Mar*, la plus belle rue de la ville, nous dit-on. Il est tenu par une française, Madame veuve Pouzols. Dame ! ça ne vaut pas l'hôtel de Cordoue. Mais on n'y est pas trop mal.

Nous errons un peu par la ville, nous entrons dans des églises qui ne nous présentent pas grand'chose à admirer ; nous avions été gâtés.

La population est affairée, ce ne sont plus les indolents andaloux, on vit pour le commerce et pour l'industrie ici.

On a dit de Valence que c'est un paradis habité par des démons ; *un paraiso habitado por demonios*. Je n'en sais rien, mais admettons par compensation que les femmes y sont sans doute des anges.

Valence a une rivière ou plutôt le lit d'une rivière, la Turia ou Guadalaviar. Ce lit est de belles dimensions, il est riche de cinq ou six ponts. Mais ces ponts sont sans doute pour l'ornement, car pour la rivière on peut la passer à pied sec. Cet état de choses a une double cause, dit-on, peu de pluies d'une part, d'autre part les eaux de la Turia sont retenues à quelque distance de la ville par un barrage. Elles servent à l'irrigation de *la huerta* — le jardin — de Valence, au moyen de milliers de petits canaux et les eaux au lieu de couler inutilement répandent dans les campagnes la fécondité. C'est un reste de ces travaux d'irrigation que les Maures ont créés et qui se retrouvent en Andalousie, à *la huerta* de Murcie, par exemple. C'est le secret de cette végétation ardente et luxuriante, favorisée par un climat des plus doux.

Les Maures disaient que le territoire de Valence était un morceau du paradis tombé sur terre.

Nous aurions bien pris une voiture pour aller promener dans cette belle campagne ; mais pas de voiture ouverte, rien que des *tartanas*, ce n'était pas engageant. La tartane ressemble assez à un de nos petits charriots de village, sauf que la toile blanche est remplacée par une voûte en bois. A l'intérieur, deux bancs parallèles, pouvant servir à six ou huit personnes. Sur le brancard de droite, un siège rudimentaire où se tient le cocher.

Mais voici des *Tramvias*, cela nous rappelle Lille, sauf que le matériel est moins bien entretenu. Nous nous informons, la voiture où nous sommes nous conduira au *Grao*, à cinq kilomètres. Prix : un réal.

Le Grao est le port de Valence. Devant nous, jusqu'à l'horizon lointain les flots bleus de la Méditerranée. Dans le port très vaste, on charge des vapeurs de caisses d'oranges et de caisses d'ognons, deux parfums de natures très diverses.

Mais ils sont splendides, ces ognons à la pelure lustrée comme un satin. Et dût la poche de mon pardessus de voyage être aux fines herbes pendant quinze jours, j'en rapporterai un à ma chère E.

Du reste, il y a eu des amateurs d'ognons, sans compter les édificateurs des pyramides qui en consommèrent à leurs déjeûners pour des millions dans la monnaie du temps.

Au dîner, mon compagnon a pour voisins un jeune couple. C'est au moins, depuis que nous avons passé les monts, le sixième nouveau-ménage que nous rencontrons. C'est le cas de chanter avec Taven de *Mireille* :

>Voici la saison, mignonne,
>Où les oiseaux font leur nid.

De mon côté je cause avec l'anglais de la route et nous faisons le projet d'aller tous trois entendre *I Ugonoti* au théâtre royal.

Monument sans apparence extérieurement, salle grande, commode. Exécution assez bonne. Un énorme bouquet bâti en tourelle de quarante centimètres de haut, perché au bout d'un manche d'un mètre au moins de longueur est apporté à la prima dona par le jeune page sortant de la coulisse. Bravos, applaudissements. Ledit jeune page, naturellement une femme en travesti, avait paru au second acte sur un magnifique cheval et s'était montré bon écuyer. Quant aux chœurs, je les soupçonne d'avoir chanté en patois *la battaglia* et *la mitrailla* à la gloire de Coligny.

Bien empêchés à la sortie à minuit — après la *Bénédiction des poignards* —, nul de nous ne pouvait retrouver son chemin, un passant charitable nous reconduisit jusqu'à la porte de l'hôtel.

Je profite de la circonstance pour témoigner en faveur de l'obligeance des Espagnols à l'égard des étrangers, pour tous les renseignements qui leur sont demandés. Et cela n'oblige pas toujours à offrir une peseta.

Le lendemain, dimanche, j'entre dans une église pour entendre la messe. Au lieu de cela j'entends un sermon sur la résignation à la volonté de Dieu. La volonté de Dieu était sans doute que le prédicateur parlât longuement; au bout de cinq quarts d'heure ce n'était pas terminé. L'orateur prenait des temps, psalmodiait certains passages, parcourait une gamme chromatique en d'autres endroits, bref il y avait dans son débit cette même affectation que l'on peut remarquer dans les formes extérieures du culte en mainte ville d'Espagne.

Rien ne nous retenant à Valence, nous en partons à midi et demi.

DE VALENCE A BARCELONE.

29 février.

Si jamais nous avons été cahotés en chemin de fer, ce fut de Valence à Tarragonne.

C'était la faute de l'accrochage, disait mon compagnon, les tampons ne se joignaient pas, les chaînes d'attelage n'étaient pas assez serrées, et puis ceci, et puis cela.

Et encore ledit compagnon voulait-il que j'expliquasse la chose au chef de gare, à un arrêt. Comme si mon bagage linguistique comprenait les mots techniques ci-dessus! Autant exiger d'un élève de quatrième — voire même d'un bachelier ès-lettres — de faire un discours latin sur les obusiers, les mitrailleuses, les fougasses et les gabions.

D'ailleurs, je ne sais ce qu'on eût pu faire pour remédier à cet ébranlement intérieur de nos viscères, résultant à mon avis des trépidations engendrées par la défectuosité de la voie.

— Je ne suis pas très satisfait de cette phrase, elle a un petit air prétentieux..... enfin, si on me comprend...... —

Ce désagrément dans la locomotion ne m'empêche pas de remarquer un détail de la culture des champs qui se reproduit tous les cent mètres environ. Ce sont des puits, genre de *norias,* qui servent à élever l'eau pour les irrigations. Autant qu'on le peut voir quand on marche à toute vapeur — vingt-cinq kilomètres à l'heure, au moins ! — cela se compose de deux roues, l'une horizontale et l'autre verticale, s'engrenant et actionnées par un levier fait d'une branche d'arbre et mis en mouvement à la main. Cela fait monter une chaîne à godets qui viennent déverser l'eau dans des aqueducs d'à peine un décimètre de côté, la face supérieure ouverte.

La route est fort belle, elle longe la côte, la Méditerranée est là sous nos yeux, parfois quasi sous les roues de nos wagons, on dirait que le train va se plonger dans les flots bleus. A cinq cents mètres, voilà des barques avec leur voile latine, qui ressemble à l'aîle de quelque oiseau marin. La voie ferrée semble jouer à cache-cache avec la mer. Mais le soir descend et l'ombre éteint peu à peu ces délicieux tableaux.

Nous arrivons vers huit heures et demie à Tarragonne, buffet convenable.

Il faut trois heures encore pour être à Barcelone. Le mieux à faire pour tromper le temps, c'est de dormir.

A minuit, nous arrivons; je recommence la scène du douanier, comme à Séville, et l'omnibus nous emmène à l'hôtel de *las Cuatro Naciones*. Pour ne pas trop contrarier nos habitudes du jour, ce maudit omnibus nous cahotte bien dur encore. Demain je saurai pourquoi et je le noterai dans mon dernier chapître.

En face de ma chambre, le théâtre principal. Sur le milieu de son fronton brille un cadran immense. Je regarde machinalement l'heure. Quoi! deux heures. Voyons : arrivée à la gare, minuit; à l'hôtel minuit et demi; pris un chocolat, une heure; préparatifs du coucher, une heure et quart.

. . . . . . . . . .

Que dit ma montre? Une heure et quart.

. . . . . . . . . .

J'y suis. Ma montre est à l'heure de Lisbonne, onze degrés et demi de latitude occidentale; Barcelone, zéro degré; quatre minutes par degré, voilà les quarante-cinq minutes de différence. Exactement ce qui arriva à Passe-Partout rentrant à Londres après le tour du monde en quatre-vingts jours.

Il est temps de dormir, puisque j'ai quarante-cinq minutes de moins à reposer.

BARCELONE.

1ᵉʳ mars.

Notre première sortie a été comme d'habitude pour la poste. Cet établissement est situé près de la gare du chemin de fer de Tarragonne, nous reprenons donc à pied la route que nous avons suivie la nuit dans l'omnibus de l'hôtel. Cette route, c'est *la Rambla*.

*La Rambla*, qui descend presque jusqu'à la mer, est une magnifique voie de plus de onze cents mètres de long ; elle se compose d'une partie médiane, très bien macadamisée, fort large, bordée d'ormes aux belles proportions. C'est là que se promènent les flâneurs, les étrangers ; c'est là aussi que les marchandes de fleurs offrent au public tous les trésors de Flore, comme on disait il y a soixante ans.

Les deux côtés de *la Rambla* sont pavés et garnis de boutiques, sillonnés de rails des *tram-*

*vias*, voie montante d'un côté, descendante de l'autre.

Cette disposition qui est justement l'inverse de nos boulevards parisiens fait qu'il y a peu de promeneurs devant les magasins, aussi n'y fait-on point de frais d'étalages.

Barcelone doit son origine aux Carthaginois, dit-on, et son nom rappelerait celui d'Amilcar Barca. Je n'y contredis pas; mais en l'an 1880, elle n'a pas plus le caractère d'une cité antique que d'une cité espagnole. C'est une ville essentiellement commerçante, l'activité s'y montre de toutes parts. Là on vit pour faire du négoce, pour s'enrichir. C'est le Manchester d'Espagne, c'est un petit Marseille, disent d'autres.

Or, en englobant dans son enceinte un terrain immense, Barcelone vient de décupler son territoire. On a divisé cette surface énorme en quartiers symétriques, dont le plan représente un échiquier colossal. Déjà on a élevé de nouvelles constructions qui ne tarderont pas à être suivies de foule d'autres. Nous voyons des boulevards neufs aux vastes proportions, des places quasi sans limites. Que l'on continue et il ne faudra pas un siècle pour que l'on retourne le dicton et que Marseille ne soit à son tour un petit Barcelone.

Du reste, les Barcelonais ont plus que les habitants des autres provinces d'Espagne, l'orgueil de leur sol. « Nous ne sommes pas Espagnols, nous sommes Catalans. »

Voici un détail entre cent autres.

Le gouvernement espagnol a récemment frappé de la monnaie de billon et ce n'était pas dommage, vraiment. Le cuivre très beau, sortait de l'établissement Œschger et Mesdach, de Biache Saint-Waast, près Douai. La frappe fut exécutée en Espagne et notamment à Barcelone. Présentez donc cette belle monnaie, à l'effigie d'Alphonse, à n'importe qui à Barcelone. On refuse de la prendre. *Les mendiants eux-mêmes la repoussent.* C'est une monnaie espagnole! Je ne sais trop, si une loi démonétisant les pièces d'Isabelle et donnant un cours forcé à celles d'Alphonse ne sera pas nécessaire pour changer cet état de choses.

On ne saurait accuser les Barcelonais de paresse, mais on peut leur reprocher un extrême sans-souci pour bien des détails, leur voirie, par exemple et tout ce qui s'y rattache. Je n'ai pas eu de peine à m'expliquer, après cinq minutes de marche, les cahots de la nuit dans l'omnibus. Les chaussées ont des trous qui sont de vrais abîmes; plus loin dans une voie de terre, les abîmes sont des fondrières.

Une voiture pesamment chargée de pierres et traînée par deux mules vient de donner d'une de ses roues dans une ornière. En vain le conducteur éreinte de coups ses malheureuses bêtes, les excite de la voix. On s'assemble, on regarde, d'autres voitures s'arrêtent, voie interdite. Au bout d'un quart d'heure on s'avise enfin d'ajouter quatre mules empruntées à quelque équipage voisin. Hue! vigoureux! le mauvais pas est franchi.

Vous croyez que l'on va prendre quelques pierres du chargement pour combler le trou! Allons donc! La scène recommencera dans une heure, et puis encore une heure après et toujours ainsi.

Faut-il rappeler ces sales cars des *tramvias* aux boisages défoncés, aux banquettes plus que fanées !

Nous faisons de longues stations dans la rue Fernando ; c'est la rue Esquermoise du pays. Elle part de *la Rambla* pour aller à la place de la Constitution ; ses magasins abondent en objets de luxe...... pour la plupart articles de Paris. C'est là que l'on complète ses achats pour les souvenirs à rapporter au logis.

La place de la Constitution — j'ai déjà dit, je crois, que toutes les villes d'Espagne ont une place de ce nom, il y a eu tant de Constitutions monarchiques, républicaines, sans sortir du siècle, que le choix des souvenirs présente la plus grande variété possible —, la place de la Constitution renferme *la Casa de la Diputacion* où sont déposées les archives générales de la Couronne d'Aragon, *la Casa Consistorial*, édifice de la fin du xive siècle, la Bourse. Sur un de ses côtés débouche une rue ancienne, *la Calle Plateria*, la rue de l'Orfévrerie dont les magasins — les échoppes — ne rappellent absolument en rien les galeries du Palais-Royal à Paris.

Nous allons à la douane où se trouve le télégraphe, puis nous contemplons la mer Méditerranée du terre-plein d'une promenade qui a remplacé une terrasse que l'on nommait la Muraille de mer, nous enfonçons jusqu'à la cheville dans la poussière du chemin, et le vent se mettant de la partie nous aveugle en soulevant des tourbillons. Nous remontons à la Rambla.

Le célèbre théâtre du *Lyceo* était fermé, nous avions pour employer notre soirée le théâtre principal en face de notre hôtel. On jouait *los Sobrinos del Capitan Grant*, les neveux — pas les petits fils — du Capitaine Grant. C'était une suite de tableaux fort gais, où les principaux personnages étaient une coquette Señora, entraînant à sa suite dans les pays les plus lointains un amoureux, un pioupiou, un savant naturaliste, etc.

Tout cela était fort drôle, mais de même que je ne songeais alors qu'au retour dont j'aurais voulu avancer les heures, je n'ai plus en ce moment qu'un désir, c'est d'arriver au mot *Fin* par le chemin le plus court et je renonce à tout nouveau barbouillage de papier.

Une visite au banquier de la rue *Dormitorio de San Francisco*, pour prendre juste la somme nécessaire pour payer notre hôtel et nos places jusqu'à Bordeaux, et nous partons.

BORDEAUX, PARIS, LILLE,

2-5 mars.

A Bordeaux, nous décidons de pousser jusqu'à Paris, et le mercredi, 3 mars, nous y débarquions à cinq heures du soir.

Le vendredi, nous rentrions dans notre gare de Lille, où nous attendait la plus chaleureuse réception.

Heureux du voyage que nous venons d'accomplir, non moins heureux de nous retrouver en famille, nous pouvons faire notre citation finale en l'empruntant aux racines grecques du P. Giraudeau :

Τῶν πλανῶν τέρμα τέλος τε,

DE NOS COURSES ERRANTES TERME ET FIN.

## TABLE.

| | Page. |
|---|---|
| A Monsieur L. D | 1 |
| Préliminaires | 3 |
| Préparatifs de départ | 5 |
| Le Guide | 13 |
| Lille, Paris, Bordeaux, 4, 5 et 6 février 1880 | 17 |
| De Bordeaux à Madrid, 7-8 février | 19 |
| Madrid, 8 février | 31 |
| Madrid, 9 février | 37 |
| Madrid, 10 février, 6 h. 1/2 du matin | 47 |
| Tolède, 11 février | 51 |
| Madrid, 12 février | 59 |
| De Madrid à Lisbonne, 12-14 février | 67 |
| Lisbonne, 14 février | 73 |
| Lisbonne, 15 février | 79 |
| Lisbonne, 15 février | 83 |
| Lisbonne, 16 février | 91 |
| Lisbonne, 17 février | 97 |
| En route de Lisbonne à Badajoz, 18 février | 105 |
| Badajoz, 19 février, 7 h. du matin | 109 |
| Cordoue, 19 février | 113 |
| *El Capitan* | 115 |
| Cordoue, 20 février | 117 |

|  | Page. |
|---|---|
| Hasards de voyage.................................... | 123 |
| Cordoue, 21 février.................................. | 129 |
| Séville, 21 février................................... | 133 |
| *Un baile nacional*................................... | 145 |
| Séville, 22 février................................... | 149 |
| Malaga, 23 février................................... | 155 |
| Grenade, 24 février.................................. | 161 |
| Grenade, 25 février.................................. | 167 |
| *La Cartuja*......................................... | 175 |
| *L'Albaycin*......................................... | 181 |
| De Grenade à Valence, 26-28 février................. | 185 |
| De Valence à Barcelone, 29 février.................. | 193 |
| Barcelone, 1er mars.................................. | 197 |
| Bordeaux, Paris, Lille, 2-5 mars..................... | 203 |

Lille, Imprimerie L. Danel.

www.ingramcontent.com/pod-product-compliance
Lightning Source LLC
Chambersburg PA
CBHW062001180426
43198CB00036B/1910